Kick

요리계의 최전방 공격수가 날리는 결정적인 한 방!
누구보다 빠르게, 남들과 다르게 완성하는 초간단 하이엔드 레시피

"안녕하세요. 여러분 요리계의 최전방 공격수 박민혁입니다."
박민혁 셰프는 요즘 자신의 이름보다 유튜버 '공격수셰프'로
더 많이 불린다. 누구나 쉽게 따라 할 수 있는 간편 요리부터 외식이
부럽지 않은 파인 다이닝 요리까지 다양한 요리를 매개체로 소통을
이어가고 있다. 동네 형, 오빠 같은 친근함, 특유의 재치와 입담으로
22만 구독자(2023년 7월 현재)를 사로잡았다.

국내외 특급 호텔 레스토랑과 파인 다이닝 레스토랑에서 경력을
쌓고 10년 동안 대학 강단에 서기도 한 그를 엘리트 코스를 밟은
금수저 요리사라고 생각할 수 있지만 사실은 전혀 그렇지 않다.
고등학교 1학년 때 오토바이 살 돈을 모으기 위해 프랜차이즈
피자 가게에서 주방 일을 시작했고, 가난한 가정 형편상 대학
등록금을 낼 수 없어 직업 전문 학교를 선택했다. 박민혁 셰프가
이 자리까지 올 수 있었던 원동력은 요리에 대한 호기심과 열정, 도전
정신이라고 할 수 있다. 와인바킥을 오픈하고 유튜버로서의 도전을
시작하게 된 것도 끊임없이 새로운 것을 추구하기 때문이다.

20년이 넘도록 현장에서 종횡무진 활약하고 있는 셰프의 요리라고
해서 부담감을 가질 필요는 전혀 없다. 일반인의 눈높이에 맞춰
최대한 힘을 빼고 절제했기 때문이다. 하지만 공격수셰프의
요리에는 결정적인 한 끗이 존재한다. 우리는 그것을 '킥'이라고
부른다. 일상적인 재료와 시판 소스를 쓰더라도 그만의 킥을 더하면
'누구보다 빠르게, 남들과는 다르게' 완전히 새롭고 특별한 요리로
재탄생한다.

공격수셰프 유튜브 영상의 댓글을 보면 '진짜 맛있다', '미친 맛이다',
'역대급', '밸런스가 완벽하다' 등 구단주(구독자의 애칭)들의 간증이
줄줄이 이어진다. 재료와 조리법은 간단하지만 공격수셰프만의
노하우를 바탕으로 치밀하게 계산된 레시피는 성공 확률 100%를
보장한다. 이 책에 나온 요리들을 하나씩 차근차근 따라 하다 보면
어느새 공며들어 구단주를 자처하게 될 것이다.

성공 확률 100%
초간단 하이엔드 레시피

공격수셰프의 킥

지은이
박민혁

či
CONTENTS

KICK OFF 킥오프

Prologue · *006*
Multi Player Sauce Line-up · *008*

THE FIRST HALF 전반전

케이퍼 드레싱을 곁들인 문어 세비체 · *016*
매콤한 봉골레 파스타 · *022*
성게알을 곁들인 달걀 푸딩 · *028*
아보카도 스케이트 보드 · *032*
아작아작 줄기상추 비빔면 · *038*
매콤한 청양고추 참외 피클 · *042*
크리미한 새우 타르틴 · *048*
타이 스타일 차돌박이찜과 초간장 소스 · *052*
홀스래디시 크림을 곁들인 스터프드 에그 · *058*

HALF TIME 하프타임

Tiki-taka · *064*

THE SECOND HALF 후반전

고등어구이와 송어알 레몬 버터 소스 · *074*
골드 키위와 라임 글레이즈 · *080*
떡갈비 핫도그 · *084*
마이야르 소고기 소보로 덮밥 · *090*
부라타 치즈와 단새우 피클 · *096*
초간단 알배추찜 · *100*
추억의 국물 떡볶이 · *104*
통후추 크림소스와 스테이크 · *110*
트러플 크림소스와 시금치 뇨키 · *116*
한우 미나리 육회 · *120*
항정살 라면 초무침 · *124*

INJURY TIME 인저리 타임

Eat it. Drink it. Kick it! · 130

EXTRA TIME 연장전

갈비찜 우마미 버터 덮밥 · 134
갈비 스테이크 · 140
바삭바삭 김치 라구 라자냐 · 146
블루치즈 홍합 스튜 · 152
스모크 훈제 연어 양파 수프 · 158
아보카도 버터 치킨 커리 · 164
아시안 누들 볶음면 · 170
마이야르 소갈비 김치찜 · 176
짜장 스파게티 · 182
콜라 라임 깐풍기 · 188
태국식 치킨 달걀 볶음밥 · 194
판나코타와 청포도 아이스 · 198

INJURY TIME 인저리 타임

One Team, One Dream · 202

PENALTY SHOOTOUT 승부차기

늑간살 오짬 볶음면 · 206
마라 바지락 볶음 · 212
숄더랙 튀김과 파프리카잼 · 218
오짬 스프 숯불 오징어구이 · 222
슈퍼쵸크리스피 통오겁살 · 226
스모크 올리브 마리네이드 · 232
쌈장 항정살 덮밥 · 236
초콜릿 디핑 소스와 추로스 · 240
트러플 감자전 · 246
향긋한 바닐라 빈 소스와 가리비 푸딩 · 250

KICK OFF

킥오프

Prologue

저는 오토바이를 정말 좋아해 레이싱 선수를 꿈꿨어요. 단순히 오토바이 살 돈을 벌기 위해 프랜차이즈 피자 전문점에서 아르바이트를 시작하며 처음 주방을 경험했지요. 그렇게 4년이 넘게 주방에서 근무하다가 진공 포장된 식재료를 보면서 문득 원물을 직접 고르고 손질한 뒤 요리를 해보고 싶다는 생각이 들었어요. 전문적으로 요리를 배우기 위해 대학에 가야겠다 마음먹었지만 부모님 없이 할머니를 모시고 살던 저는 가정 형편상 대학 등록금을 마련할 수가 없었어요. 그래서 서울시에서 무상으로 운영하는 한남직업전문학교에 입학해 요리를 배울 수 있었습니다.

학교에서 인연을 맺은 제 멘토이자 스승이신 김지웅 교수님이 양재동의 이탈리안 레스토랑 '한그린'을 소개해주셨고 덕분에 본격적으로 요리사의 길을 걷게 되었어요. 요즘 집안에서 지원받아 요리 유학을 다녀온 뒤 좋은 레스토랑에서 경력을 쌓은 전형적인 엘리트 셰프일 것 같다는 말을 많이 듣는데요, 사실 전혀 그렇지 않답니다. 한그린의 총괄 셰프였던 조우현 명장님을 만나게 되면서 요리에 대한 흥미와 열정이 커졌고 우리나라 첫 번째 6성급 호텔이었던 W서울 워커힐을 거쳐 두바이의 7성급 호텔 버즈 알 아랍에서 일했어요. 귀국 후에는 카페부터 파인 다이닝 레스토랑까지 다양한 업장에서 경험을 쌓은 뒤 한남동의 복합 문화 공간 '사운즈한남'의 총괄 셰프를 역임했어요. 지금은 유튜버 '공격수셰프'로 활동하면서 성수동의 캐주얼 와인 바 '와인바킥'을 통해 대중들에게 음식과 와인의 마리아주를 소개하고 있습니다.

저는 요리사라는 직업에 제 자신을 가두지 않으려고 해요. 요리는 그 어느 분야와도 잘 어우러지는 매력이 있거든요. 그래서 요리 그 자체가 목적이 아니라 요리를 매개체로 더 넓은 분야에서 제 역량을 발휘해보고 싶어요. 요즘 다양한 분야와 경계 없이 협업하다 보니 제가 살아 숨 쉬고 있다는 것이 느껴지더라고요.

공격수셰프는 예전에 함께 근무했던 동료이자 후배인 목진화 셰프가 '승우아빠'라는 유튜브 채널을 만들면서 생겨난 일종의 부캐예요. 승우아빠에 여러 번 출연하면서 축구를 좋아하고 포지션이 공격수, 그중에서도 원톱 최전방에서 골을 넣는 공격수라는 세계관이 만들어졌고 자연스럽게 제 유튜브 채널의 이름도 공격수셰프라고 짓게 되었어요.

유튜브를 시작하기 전 일주일에 두 개 이상의 콘텐츠를 꾸준히 만들어낼 수 있을지에 대해 오랫동안 고민했어요. 한참 쿡방이 전성기일 때 공중파에서 섭외 요청이 있었는데 제 의지와는 다르게 편집되는 부분이 부담스럽더라고요. 방송을 통해서 저를 알릴 때는 어떻게 편집될지 알 수 없는 미지의 영역이 존재할 수밖에 없잖아요. 그래서 제가 가진 다양한 매력과 컬러를 보여줄 수 있는 캐릭터를 만들어 제 의지가 100% 묻어나는 채널을 만들어야겠다고 결심했죠.
20년 넘도록 대학과 다양한 공간에서 요리로 소통해왔는데요. 많은 사람들이 기존에 알고 있던 조리법을 다르게 해석하는 것을 굉장히 신기해하더라고요. 오랫동안 알고 먹어온 요리들을 공격수셰프만의 킥으로 트위스트해 다른 느낌으로 풀어내려고 해요. 또 제가 만든 음식과 함께

즐기면 좋은 주류와 공간, 조리 도구, 주방 가전 등 더 큰 범위로 확장할 수 있는 한 해가 되기를 기대하고 있습니다. 지금까지 그래왔듯이 앞으로도 틀에 박힌 시도는 하고 싶지 않아요.

팬데믹 이후 크게는 주거 공간, 그중에서도 주방에 대한 관심이 높아졌어요. 하나를 구입하더라도 가격을 따지기보다는 제품의 퀄리티는 기본이고 주방이라는 공간에서 의미 있는 오브제 역할 또한 할 수 있어야 하죠. 저에게 주방은 하나의 무대와도 같아요. 주방에서 가장 많은 시간을 보내는 사람으로서 세심한 부분까지 신경 쓴 주방 브랜드를 만드는 것이 제 최종 목표예요. 효율적인 공간 구성을 위한 레이아웃과 질 좋은 소재, 오랜 시간이 지나도 질리지 않는 디자인 등 어느 것 하나도 놓치지 않으려고 해요.

이 책에는 현재 제 요리의 방향성이 담겨 있어요. 파인 다이닝 셰프가 아름답게 플레이팅한 예술 작품은 지양해요. 술안주이면서 식사도 가능한 요리, 특히 와인에 빠져 있는 지금 가장 좋아하면서 만들기도 쉽고 간단한 요리에 초점을 맞췄어요. 사서 잠깐 펼쳐 보고 책장에 꽂아 인테리어로 활용하는 것이 아니라 부담 없이 언제든 펼쳐 볼 수 있고 평생 써먹을 수 있는 책을 출간하고 싶었어요. 소소하게 안부를 묻고 걱정해주는 가장 가까운 친구 같은 책이 되기를 바라지요.

〈공격수셰프의 kick〉은 어렵게 고민하면서 보지 않아도 돼요. 최대한 힘을 빼고 절제했거든요. 또 누구나 가벼운 마음으로 요리와 친해지고 흥미를 느낄 수 있도록 의외성을 강조한 메뉴로 재미를 주었어요. 칼질을 못해도 괜찮아요. 재료의 크기에 연연할 필요도 없고요. 그만큼 누구나 쉽게 만들 수 있어요.

Multi Player Sauce Line-up

❶ 만능 겉절이 소스

❷ 만능 향긋한
라임 청양고추 간장 소스

❺ 새콤 달콤 김치잼

❿ 쯔란 디핑 소스

❾ 크리미 양송이 파프리카 소스

❸ 만능 쌈장 소스

❹ 만능 발사믹 들깨 소스

❼ 만능 우마미 버터

❽ 고소한 통후추 크림소스

❻ 매콤한 초콜릿 소스

⓫ 타이 스타일 칠리소스

⓬ 만능 달래장

① 만능 겉절이 소스

삼겹살에 곁들이는 파절이 소스의 레시피를 수정하고 보완해 어떤 채소를 버무려도 맛있고 감칠맛이 매력적인 겉절이 소스를 완성했어요. 이 레시피는 트렌드가 아무리 바뀌어도 평생 사용할 만한 가치가 있답니다. 드셔보시면 아실 거예요.

 고소한 깨소금

COOKING UTENSILS 볼, 스푼, 고무 스패출러

RECOMMENDED FOOD
고수 김치, 파절이, 미나리 무침, 알배추 겉절이

INGREDIENTS
재료 참치액젓 90g, 설탕 80g, 청양고춧가루 60g, 다진 마늘 50g, 2배 사과식초 70g, 깨소금 30g

1. 모든 재료를 섞고 하루 동안 숙성시킨 뒤 사용한다.

② 만능 향긋한 라임 청양고추 간장 소스

우리나라에는 다양한 요리를 간장에 찍어 먹는 문화가 있잖아요. 그 중에서도 새콤한 초간장은 기름진 음식에 많이 곁들이는데요. 어느 날 군만두를 먹다가 좋아하는 식재료로 나만의 초간장을 만들어봐야겠다는 생각이 들었고, 여러 번 테스트 후 탄생하게 되었어요. 취향에 따라 고추기름으로 매콤함을 추가해도 좋아요.

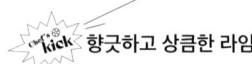 향긋하고 상큼한 라임

COOKING UTENSILS 칼, 도마, 레몬 스퀴저, 제스터, 강판, 볼, 스푼, 고무 스패출러

RECOMMENDED FOOD 만두, 해물파전, 달걀프라이

INGREDIENTS
재료 청양고추 1개, 대파 흰 부분 2대, 라임 1개, 무 100g, 쯔유 50g, 셰리 비니거 50g, 설탕 50g, 다진 마늘 10g

1. 청양고추와 대파는 0.3mm 두께로 썬다.
2. 라임은 반으로 썰어 즙을 짜고 껍질은 제스터로 간다.
3. 무는 껍질을 벗겨 강판에 곱게 간다.
4. 볼에 모든 재료를 넣고 섞어 완성한다.

③ 만능 쌈장 소스

간단한데 맛도 있어서 '공격수셰프' 유튜브 채널에서 반응이 정말 뜨거웠던 레시피예요. 홈파티에 빠질 수 없는 고기 요리의 최고 치트키라고 할 수 있어요. 먼저 고기를 구워 감칠맛을 끌어올린 뒤 그대로 소스를 붓기만 하세요. 불 조절 없이 근사한 고기 요리가 완성된답니다.

 짭조름한 새우젓

COOKING UTENSILS 볼, 스푼, 고무 스패출러

RECOMMENDED FOOD 삼겹살, 항정살, 닭다릿살

INGREDIENTS
재료 쌈장 80g, 맛술 100g, 청주 50g, 설탕 10g, 미원 5g, 새우젓 5g, 깨소금 1Ts

1. 볼에 모든 재료를 넣고 섞어 완성한다.

④ 만능 발사믹 들깨 소스

직관적으로 맛있고 채소, 해산물, 육류와 모두 잘 어울리는 드레싱을 고민하던 중 탄생하게 되었어요. 두바이 버즈 알 아랍 호텔에서 근무하던 당시 유럽 셰프들에게 만들어준 적이 있는데요. 발사믹 비니거의 익숙한 산미에 아시안 터치가 더해져 매력적이라는 찬사를 받았죠. 이후 해외 프로모션과 '와인바킥'의 다양한 메뉴에 활용하고 있어요.

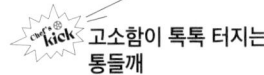 고소함이 톡톡 터지는 통들깨

COOKING UTENSILS 프라이팬, 블렌더, 고무 스패출러

RECOMMENDED FOOD 샐러드, 해산물, 스테이크

INGREDIENTS
재료 통들깨 100g, 퓨어 올리브유 250g, 발사믹 비니거 250g, 연겨자 60g, 생와사비 40g, 설탕 60g, 다진 마늘 100g, 소금 약간

1. 마른 팬에 통들깨를 넣고 약불에서 10분간 고소하게 볶는다.
2. 블렌더에 소금을 제외한 나머지 재료를 넣고 10초간 간 뒤 소금으로 간해 완성한다. 레몬즙을 넣어 산미를 더해도 좋다.

⑤ 새콤 달콤 김치잼

10년 전 스위스에서 다보스 포럼 행사를 진행했는데요. 어떻게 하면 김치가 여러 나라의 VVIP들에게 친숙하게 다가갈 수 있을까 고민하다가 새콤하면서도 달콤한 잼으로 만들었어요. 갈비찜과 함께 제공하니 김치가 잼이 될 수 있다는 사실에 굉장히 흥미로워하더군요. 이후 몇 번의 업그레이드를 거쳐 지금은 베이컨이나 초리조를 첨가한 버전으로 '와인바킥'의 시그니처 메뉴인 푸아그라 디시에 사용하고 있어요.

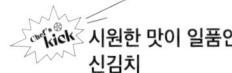 시원한 맛이 일품인 신김치

COOKING UTENSILS 칼, 도마, 프라이팬, 스푼, 고무 스패출러

RECOMMENDED FOOD 샌드위치, 푸아그라 무스, 갈비찜, 구운 고기

INGREDIENTS
재료 신김치 300g, 양파 200g, 포도씨유 30g, 머스터드 시드 50g, 설탕 150g, 셰리 비니거 70g

1. 신김치와 양파는 사방 0.5mm 다이스로 썬다.
2. 팬에 포도씨유를 두르고 양파를 넣고 투명하게 볶는다.
3. 신김치와 머스터드 시드를 넣고 수분이 없어질 때까지 볶는다.
4. 설탕과 셰리 비니거를 넣고 중불에서 잼 텍스처가 될 때까지 졸여 완성한다.

⑥ 매콤한 초콜릿 소스

최근 위스키에 흥미를 느껴 위스키를 활용한 소스를 개발하던 중 초콜릿이 떠올랐어요. 단순하면서도 완벽한 재료 조합에 오븐에 구운 채소로 가벼운 훈연 향을 더했더니 평소에 즐기던 스테이크 소스와는 차원이 다른 특별함이 있더라고요. 청양고추를 넣어 칼칼하면서도 한국인이라면 누구나 좋아할 맛을 찾아낸 듯해 보람이 커요.

 위스키와 초콜릿

COOKING UTENSILS 칼, 도마, 오븐, 냄비, 블렌더, 고운체, 고무 스패출러

RECOMMENDED FOOD 스테이크, 바비큐, 샤퀴테리

INGREDIENTS
재료 양파 1개, 대파 흰 부분 1대, 홍고추 5개, 청양고추 5개, 선드라이 토마토 10개, 마늘 10쪽, 포도씨유 3Ts, 치킨스톡 500ml, 위스키 100ml, 생다크초콜릿 50g, 설탕 1Ts

1. 채소는 손질하고 포도씨유에 버무려 200℃로 예열한 오븐에서 15분간 노릇하게 굽는다.
2. 냄비에 **1**과 치킨스톡을 넣고 채소가 부드러워질 때까지 끓인다.
3. 블렌더에 곱게 갈고 체에 거른다.
4. 냄비에 위스키, 생다크초콜릿과 함께 넣고 유화시킨다.
5. 취향에 맞게 설탕을 조금씩 넣어가며 소스를 완성한다.

⑦ 만능 우마미 버터

양식을 시작으로 20년 넘게 요리를 해오다 보니 버터는 너무나 친근한 식재료가 되었어요. 제가 좋아하는 대파와 마늘을 접목해 다양한 요리에 경계 없이 사용할 수 있는 버터를 만들었어요.

 고소함과 감칠맛을 더하는 마늘과 대파

COOKING UTENSILS 칼, 도마, 프라이팬, 블렌더, 고무 스패출러

RECOMMENDED FOOD 간장 버터 밥, 버터 비빔면, 스테이크, 파스타

INGREDIENTS
재료 대파 흰 부분 5대, 통후추 20알, 포도씨유 5Ts, 다진 마늘 100g, 무염 버터 500g, 소금 약간

1. 대파는 0.2mm 두께로 썰고 통후추는 칼날을 눕혀 으깬다.
2. 팬에 으깬 통후추를 넣고 약불에서 5분간 볶는다.
3. 포도씨유, 대파, 다진 마늘을 넣고 마늘의 아린 맛이 없어질 때까지 볶는다.
4. 버터는 10등분한 뒤 실온에 두고 부드럽게 만든다.
5. 블렌더에 ❸과 버터를 넣고 곱게 간 뒤 취향에 맞게 소금으로 간해 완성한다.

⑧ 고소한 통후추 크림소스

간단한 조리 과정 하나만 추가해도 소스의 퀄리티가 확 달라져요. 통깨를 볶아 사용하면 고소함이 극대화되듯이 통후추도 마찬가지인데요. 약불에 5분만 달달 볶아 사용하면 고소함과 톡톡 터지는 식감, 은은한 후추 향까지 더할 수 있어요.

 고소하고 은은하게 칼칼한 통후추

COOKING UTENSILS 칼, 도마, 프라이팬, 고무 스패출러

RECOMMENDED FOOD 다양한 해산물, 육류 요리, 파스타, 그라탱

INGREDIENTS
재료 통후추 30알, 퓨어 올리브유 3Ts, 다진 양파 100g, 다진 마늘 60g, 생크림 500ml, 파르미지아노레지아노 치즈 가루 30g, 액상 치킨스톡 1Ts, 파슬리 가루 2Ts, 소금 약간

1. 통후추는 칼날을 눕혀 으깬다.
2. 팬에 넣고 약불에서 5분간 달달 볶는다.
3. 올리브유, 다진 양파, 다진 마늘을 넣고 마늘의 아린 맛이 없어질 때까지 볶는다.
4. 생크림을 넣고 끓어오르면 불에서 내려 파르미지아노레지아노 치즈 가루, 액상 치킨스톡, 파슬리 가루를 넣어 섞는다. 취향에 맞게 소금으로 간해 완성한다.

⑨ 크리미 양송이 파프리카 소스

고깃집에 가면 양송이버섯을 불판에 올려 구워서 먹잖아요. 양송이버섯이 익으면서 가운데에 수분이 고이는데요. 졸아들수록 감칠맛이 응축되더라고요. 여기에서 아이디어를 얻어 소스에 응용해보았어요.

감칠맛을 끌어올린 양송이버섯

COOKING UTENSILS 칼, 도마, 브러시, 프라이팬, 고무 스패출러

RECOMMENDED FOOD 다양한 해산물, 닭고기 요리, 파스타, 그라탱

INGREDIENTS
재료 양송이버섯 15개, 통후추 10알, 무염 버터 50g, 다진 양파 100g, 다진 마늘 30g, 생크림 500ml, 파프리카 파우더 30g, 액상 치킨스톡 1Ts, 파슬리 가루 2Ts, 소금 약간

1. 양송이버섯은 브러시로 표면을 털어낸 뒤 얇게 슬라이스한다. 이때 갓의 껍질을 벗겨 사용해도 좋다.
2. 통후추는 칼날을 눕혀 으깬다.
3. 팬에 넣고 약불에서 5분간 달달 볶는다.
4. 버터, 슬라이스한 양송이버섯, 다진 양파, 다진 마늘을 넣고 수분이 없어질 때까지 중불에서 볶아 양송이 주스를 농축한다.
5. 생크림을 넣고 끓어오르면 불에서 내리고 파프리카 파우더, 액상 치킨스톡, 파슬리 가루를 넣어 섞는다. 취향에 맞춰 소금으로 간해 완성한다.

⑩ 쯔란 디핑 소스

우리에게는 양꼬치 양념으로 익숙한 쯔란은 육류의 마리네이드 양념, 소스 등 여러 방면으로 활용하기 좋아요. 간단하게 마요네즈만 섞어도 일품이지만 은은한 산미가 있는 사워크림까지 더하면 고기 요리부터 스낵까지 가리지 않고 다 잘 어울린답니다. 특히 구운 삼겹살을 찍어 먹으면 기름진 맛을 중화시키고 쯔란의 이국적인 풍미가 더욱 매력적으로 다가올 거예요.

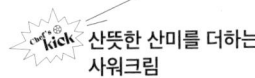 산뜻한 산미를 더하는 사워크림

COOKING UTENSILS 칼, 도마, 볼, 스푼, 고무 스패출러

RECOMMENDED FOOD 양고기, 구운 고기, 튀김 요리, 카나페, 샌드위치 스프레드

INGREDIENTS
재료 사워크림 100g, 마요네즈 100g, 꿀 30g, 쯔란 50g, 다진 양파 50g, 다진 쪽파(녹색 부분) 30g

1 모든 재료를 섞어 완성한다.

⑪ 타이 스타일 칠리소스

저는 타이 음식을 굉장히 좋아해서 외식 일순위는 항상 타이 레스토랑이에요. 예전에는 재료를 구하기 힘들고 사용하기도 불편해 집에서 타이 음식을 만들어 먹기 힘들었는데요. 요즘은 다양한 제품이 수입되고 새벽에 집 앞까지 배송되니 너무 편하더라고요. 타이 스타일 칠리소스는 미리 만들어두면 아침, 점심, 저녁까지 주재료를 바꿔가며 활용하기 좋아요. 개인적으로는 구운 스테이크를 얇게 썰어 좋아하는 채소를 곁들인 타이 스타일 비프 샐러드를 가장 즐겨 만들어 먹어요.

 이국적인 산미를 지닌 타마린드 페이스트

COOKING UTENSILS 칼, 도마, 프라이팬, 절구, 레몬 스퀴저, 제스터, 볼, 고무 스패출러

RECOMMENDED FOOD 타이 비프 샐러드, 샐러드, 해산물 요리

INGREDIENTS
재료 쌀 2Ts, 라임 1개, 다진 양파 3Ts, 쪽파 흰 부분 2대, 코리앤더 2줄기, 피시소스 4Ts, 씨 없는 타마린드 페이스트(소스 형태) 2Ts, 설탕 1 1/2Ts, 고운 고춧가루 2Ts

1 팬에 쌀을 넣고 약불에서 노릇하게 볶는다. 절구로 곱게 갈아 고소함을 증폭시킨다.
2 라임은 반으로 썰어 즙을 짜고 껍질은 제스터로 간다.
3 쪽파와 코리앤더는 다진다. 코리앤더는 줄기까지 사용한다.
4 볼에 모든 재료를 넣고 섞는다.

⑫ 만능 달래장

천사 같은 장모님이 저희 집 냉장고에 항상 넣어 두고 가시는 향긋한 달래장이에요. 레시피를 보면 굉장히 간단하지만 활용 범위가 정말 무궁무진해요. 저는 퇴근 후 구운 김에 달래장을 올려 와인과 함께 즐기는 걸 좋아한답니다. 배고플 땐 밥에 달래장을 넣고 비빈 뒤 달걀프라이만 올려도 좋고요. 삶은 소면과 함께 비벼 먹어도 정말 맛있어요.

 고소한 들기름

COOKING UTENSILS 칼, 도마, 볼, 고무 스패출러

RECOMMENDED FOOD 구운 김에 올려 와인 안주, 비빔밥, 다양한 면 요리

INGREDIENTS
재료 달래 150g, 들기름 6Ts, 진간장 3Ts, 설탕 1Ts, 고운 고춧가루 1Ts, 볶은 통깨 2Ts

1 달래는 손질 후 흰 부분은 다지고 녹색 부분은 3cm 길이로 썬다.
2 모든 재료를 섞어 완성한다.

THE FIRST HALF

전반전

⚽ 경기에 선발로 출격하기 전 스트레칭은 필수! 요리도 마찬가지인데요.
자극적인 재료는 살짝 벤치에 두고 일단 재료 본연의
맛에 집중해볼까요? 자~ 이제 슬슬 몸을 풀어볼 시간입니다.

케이퍼 드레싱을 곁들인 문어 세비체

Chef's kick 톡유의 산미와 짠맛이 매력적인 케이퍼

만능 향긋한 라임 청양고추 간장 소스에 케이퍼만 다져 넣으면 새콤하고 향긋한 세비체 소스가 완성돼요. 취향에 맞게 엑스트라 버진 올리브유나 아보카도 오일, 고추기름을 추가하면 완성도가 더욱 높아지고요. 자숙 문어를 연어회나 흰 살 생선회, 참치회, 새우 등으로 바꿔 변주볼 수변 간단하면서 손쉽게 미식을 즐길 수 있을 거예요.

COOKING UTENSILS

칼, 도마, 볼, 고무 스패출러, 스푼, 나무젓가락

INGREDIENTS

재료 냉장 자숙 문어 150g, 참외 피클 30g, 잘 익은 아보카도 ¼개, 적양파 ⅛개,
고수 5줄기, 엑스트라 버진 올리브유 3Ts

소스 만능 향긋한 라임 청양고추 간장 소스(10p 참고) 5Ts, 다진 케이퍼 1Ts, 다진 쪽파 2Ts

RECIPE

1 자숙 문어는 키친타월로 수분을 제거하고 사선 방향을 살려 먹기 좋은 크기로 슬라이스한다.
2 볼에 소스 재료를 모두 넣고 섞는다.

3 참외 피클, 아보카도, 적양파는 0.5cm 두께로 슬라이스한다.
4 접시에 슬라이스한 문어를 담고 소스를 뿌린 뒤 슬라이스한 참외 피클, 아보카도, 적양파를 올린다.

TIP 엔다이브 위에 소스만 뿌려도 근사한 샐러드가 완성돼요.

5 고수 잎과 엑스트라 버진 올리브유를 뿌려 완성한다.

매콤한 봉골레 파스타

Chef's kick 쫄깃한 식감과 감칠맛을 지닌 선드라이 토마토

봉골레 파스타는 제가 항상 강조하는 유화(만테카레^{Mantecare})가 핵심이에요. 오일만 흥건한 파스타는 느끼하고 완성도가 떨어질 수밖에 없죠. 면을 볶는 과정에서 나오는 전분과 면수, 오일의 만남! 그리고 마지막에 넣는 소량의 버터는 오일과 수분이 분리되지 않도록 서로를 붙잡는 역할을 한답니다. 면수를 조금씩 넣어가면서 오일과 수분이 엉기는 포인트를 찾아보세요.

COOKING UTENSILS

칼, 도마, 냄비, 프라이팬, 고무 스패출러, 집게, 국자

INGREDIENTS

재료 통후추 5알, 마늘 5쪽, 엑스트라 버진 올리브유 6Ts, 다진 양파 2Ts, 페페론치노 ½Ts, 바지락 30개, 화이트 와인 70ml, 삶은 파스타 면(탈리아텔레) 150g, 선드라이 토마토 50g, 버터 20g, 다진 쪽파 3Ts, 슬라이스한 바질 5장 분량, 면수 적당량, 맛소금 약간

RECIPE

1 통후추는 칼날을 눕혀 으깨고 마늘은 일정한 두께로 슬라이스한다.
2 팬에 으깬 통후추를 넣고 약불에서 5분간 달달 볶는다.
3 엑스트라 버진 올리브유를 넣고 슬라이스한 마늘을 중불에서 노릇하게 볶는다.

TIP 마늘을 노릇하게 볶아 고소한 마늘 향이 오일에 배어나도록 하는 것이 핵심! 오일 파스타의 베이스가 되니 취향에 맞춰 재료를 변경해보세요.

4 다진 양파와 페페론치노를 넣고 중불에서 30초 동안 볶아 향을 끌어낸다.

5 센 불로 올려 바지락과 화이트 와인을 넣고 바지락이 입을 벌릴 때까지 조리한다.

6 삶은 파스타 면을 넣고 센 불에서 1분간 볶는다.
7 면수(2~3국자)를 넣고 유화시켜 농도를 맞춘다.
8 불에서 내린 뒤 선드라이 토마토, 버터, 다진 쪽파, 슬라이스한 바질을 넣어 버무린다.
9 맛소금으로 간하고 접시에 담아 완성한다.

성게알을 곁들인 달걀 푸딩

Chef's kick — 녹진하면서 바다 향 가득한 성게알

푸딩 같은 질감을 살린 달걀찜이에요. 일식의 차완무시에는 은행이나 새우, 버섯 등 달걀과 상반된 식감의 재료를 더하는 경우가 많은데요. 저는 비슷한 식감의 성게알을 매칭했더니 입안 가득 바다의 향긋함이 퍼지면서 부드럽게 엉기는 느낌이 굉장히 마음에 들었어요. 조합 자체는 단순하지만 맛은 결코 단순하지 않답니다. 작은 용기에 한 사람 분량으로 나눠 담은 뒤 쪄도 괜찮아요.

COOKING UTENSILS

칼, 도마, 볼, 고운체, 내열 그릇, 접시, 찜기, 고무 스패출러

INGREDIENTS

재료 달걀 4개, 설탕 ½Ts, 맛소금 ½ts, 물 200ml, 성게알 100g, 무순 20개, 후리카케 1Ts, 다진 쪽파 1Ts, 참기름 1Ts

RECIPE

1 볼에 달걀, 설탕, 맛소금, 물을 섞고 고운체에 내린다.
2 내열 그릇에 담고 표면에 물방울이 떨어지지 않도록 위에 접시를 올린다.
3 김이 오른 찜기에 넣고 뚜껑을 덮어 약불에서 15분간 부드럽게 찐 뒤 식힌다.
4 성게알과 무순을 올리고 후리카케, 다진 쪽파, 참기름을 뿌려 완성한다.

TIP 그대로 밥 위에 올려 먹으면 든든한 한 끼 식사가 돼요.

아보카도
스케이트 보드

Chef's kick 산미가 매력적인 셰리 비니거

저는 산미가 없는 음식은 상상할 수도 없어요. 보통 산미를 표현할 때 다양한 식초와 함께 라임 제스트를 많이 사용하는데요. 시트러스 제스트 특유의 산뜻함과 식초가 지닌 산미의 균형을 맞춰가는 재미가 있지요. 그리고 신맛과 단맛을 함께 매칭하는 것도 좋아해요. 아보카도 퓌레에 사용한 가스트리크가 좋은 예가 될 수 있는데요. 설탕과 식초를 1내 1 비율로 섞어 시럽 상태가 될 때까지 끓이면 신맛과 단맛이 함께 어우러지며 재료의 맛과 향을 증폭시킨답니다. 건과일이 들어간 바삭한 크래커를 아보카도 스케이트 보드에 푸~욱 찍어 와인 한 잔과 즐겨보세요. 기분 좋은 산미가 그 날의 스트레스를 모두 날려줄 거예요.

COOKING UTENSILS

칼, 도마, 냄비, 블렌더, 고무 스패출러, 스푼

RECOMMENDED FOOD

샌드위치 스프레드, 해산물 또는 크래커를 찍어 먹는 디핑 소스

INGREDIENTS

재료 초당옥수수 1개, 바질 잎 10장, 아보카도 오일 3Ts
가스트리크 셰리 비니거 70g, 설탕 70g, 월계수 잎 1장, 통후추 5알
아보카도 퓌레 잘 익은 아보카도 1개, 사워크림 50g, 라임 ½개, 가스트리크 50g

RECIPE

1. 냄비에 가스트리크 재료를 모두 넣고 ⅓ 분량이 될 때까지 졸인 뒤 식힌다.
2. 블렌더에 아보카도, 사워크림, 라임 제스트와 즙, 가스트리크를 넣고 곱게 간다.

3 초당옥수수는 토치로 살짝 구워 알갱이만 분리한다.
4 접시에 아보카도 퓨레와 초당옥수수를 담고 바질 잎과 아보카도 오일을 뿌려 완성한다. 아보카도 오일이 없다면 엑스트라 버진 올리브유도 괜찮다.

아작아작
줄기상추
들기름 비빔면

짭조름하게 톡톡 터지는 날치알과 씹는 재미가 있는 줄기상추 절임

현재 와인바킥에서 가장 인기 있는 메뉴예요. 직관적이면서 익숙하고 친근감 있는 맛이 나지요.
메밀과 들기름의 향에 진간장과 날치알로 감칠맛을 뽑아내고 줄기상추로 아작아작 재미난 식감을 더합니다. 자칫하면 느껴질 수 있는 기름짐은 매콤한 청양고추가 펀치를 날리죠. 고객들이 들기름 비빔면과 와인이 어울리냐는 질문을 공통적으로 하는데요. 샴페인 또는 화이트 와인과 들기름 비빔면은 제가 가장 좋아하는 조합이에요. 특히 산미가 매력적인 샴페인, 과실 향이 풍부한 소비뇽 블랑 그리고 미네랄과 감칠맛이 매력적인 샤블리와 함께 페어링하는 걸 좋아해요. 첫입에서 느껴지는 들기름의 고소함을 끝까지 지속시켜주고 기름진 맛은 깔끔하게 씻어내는 최고의 마리아주랍니다. 이건 꼭 따라 해보세요. 진짜 멋진 미식 경험을 할 수 있을 거예요.

COOKING UTENSILS

칼, 도마, 냄비, 볼, 일회용 비닐장갑, 고운체, 나무젓가락

INGREDIENTS

재료 메밀면(건면) 80g, 새우 5마리, 사과 ⅛개, 청양고추 ⅛개, 들기름 8Ts, 진간장 4Ts, 설탕 2Ts, 날치알 1Ts, 줄기상추 절임(야마구라게) 50g, 깨소금 1Ts, 다진 쪽파 2Ts

RECIPE

1. 끓는 물에 메밀면을 4분간 삶아 얼음물에 식힌 뒤 건져 물기를 제거한다. 제품마다 조리 시간이 다르므로 확인 후 조리한다. 삶은 메밀면은 차갑게 식혀야 들기름의 향이 극대화된다.
2. 메밀면을 삶은 물에 반으로 썬 새우를 넣고 1분간 부드럽게 익힌 뒤 얼음물에 식힌다.
3. 사과는 껍질째 채 썰고 청양고추는 얇게 슬라이스한다.
4. 볼에 들기름, 진간장, 설탕, 날치알, 줄기상추 절임, 데친 새우, 삶은 메밀면을 넣고 치대듯이 섞는다. 수분과 들기름이 유화되어 소스처럼 엉겨야 더 맛있다.
5. 접시에 담고 채 썬 사과, 깨소금, 다진 쪽파, 슬라이스한 청양고추를 올려 완성한다. 여기에 캐비아를 올리면 더욱 근사한 요리가 된다.

TIP 다양한 알(캐비아, 송어알, 연어알, 성게알)을 곁들여보세요.

매콤한
청양고추
참외 피클

Chef's kick 매콤하고 칼칼한 청양고추

처음에는 참외기 아닌 총각무를 사용했어요. '시원즈한남' 오픈 당시 여러 F&B 업장 중에 유러피언 비스트로노미 콘셉트로 한 '세컨드키친'이 있었는데요. 파스타를 주문한 고객들에게 제공하는 총각무 피클을 방송인 최유라 선생님께서 드셔보시더니 매운맛을 추가해보면 좋을 것 같다고 조언해주셨어요. 그래서 기존 레시피에 청양고추를 더했더니 손님들이 정말 좋아하시더라고요. 이를 계기로 시즌별로 다양한 채소와 과일을 사용해 피클을 만들고 있어요. 너무 익은 참외보다 덜 익은 참외를 추천하고요. 새콤 달콤 매콤하면서 향긋함까지 더해진 피클 맛에 반하실 거예요.

COOKING UTENSILS

칼, 도마, 냄비, 고운체, 레몬 스퀴저, 제스터, 감자칼, 스푼, 고무 스패출러, 집게

INGREDIENTS

재료 참외 2kg, 청양고추 150g, 레몬 2개
피클 주스 피클링 스파이스 15g, 꽃소금 100g, 물 1.2kg, 환만식초 700g, 시나몬 스틱 1개, 설탕 700g

RECIPE

1 냄비에 피클 주스 재료를 넣고 중불에서 10분간 끓인다.
2 체에 걸러 식힌다.

TIP 토마토, 총각무 등 다양한 채소로 응용해보세요.

kick

3 참외는 껍질을 벗기고 반으로 썰어 스푼을 사용해 씨를 제거한다. 참외 씨는 고운체에 밭쳐 주스만 거른다. 피클 주스를 끓일 때 같이 넣으면 더욱 향긋한 단맛을 느낄 수 있다.
4 청양고추는 꼭지를 떼고 반으로 썬다.
5 레몬은 껍질을 제스트로 간 뒤 반으로 썰어 즙을 짠다. 즙을 짜고 난 레몬도 남겨두었다 피클 주스에 함께 넣는다.
6 식힌 피클 주스에 참외, 청양고추, 레몬즙, 레몬 제스트, 레몬을 넣어 완성한다. 냉장실에 하루 동안 보관 후 레몬을 건져내고 먹으면 된다.

크리미한 새우 타르틴

Chef's kick 크리미하면서 산미가 매력적인 사워크림

노르웨이 출장 중에 우연히 들어간 식당에서 새우 타르틴을 먹었어요. 부드럽게 데친 새우에 사워크림, 레몬 제스트가 전부였는데 밸런스가 정말 완벽해서 저만의 스타일로 새롭게 재해석했어요. 사워도우는 우마미 버터에 굽고 산미와 고소함이 어우러진 만능 발사믹 들깨 소스와 사워크림을 섞어 새우를 버무린 뒤 라임 제스트를 듬뿍 뿌려 향긋함을 추가했어요.

COOKING UTENSILS

칼, 도마, 프라이팬, 냄비, 볼, 고무 스패출러, 집게, 제스터

INGREDIENTS

재료 슬라이스한 사워도우 2장, 만능 우마미 버터(12P 참고) 50g, 새우 5마리, 만능 발사믹 들깨 소스(11P 참고) 5Ts, 사워크림 5Ts, 다진 줄기상추 절임(야마구라게) 2Ts, 다진 쪽파 5Ts, 라임 제스트 1개 분량, 어린잎 채소 약간

TIP 새우 대신 바닷가재 또는 킹크랩을 사용하면 더욱 특별한 디시가 완성돼요.

RECIPE

1. 사워도우는 한쪽에 만능 우마미 버터를 바르고 팬에 앞뒤로 노릇하게 굽는다.
2. 냄비에 물을 끓인 뒤 불에서 내려 반으로 썬 새우를 넣는다. 1분간 부드럽게 익힌 뒤 건져 얼음물에 식힌다.
3. 볼에 만능 발사믹 들깨 소스, 사워크림, 다진 줄기상추 절임, 다진 쪽파를 넣고 섞는다.
4. 데친 새우를 넣고 고루 버무린다.
5. 구운 사워도우에 **4**를 볼륨감 있게 올리고 어린잎 채소와 라임 제스트를 뿌려 완성한다.

타이 스타일 차돌박이찜과 초간장 소스

Chef's kick — 이국적인 향을 지닌 고수

미리 만들어둔 타이 스타일 칠리소스와 만능 향긋한 라임 청양고추 간장 소스를 완벽하게 활용할 수 있는 메뉴예요. 차돌박이에 다양한 재료를 말아서 찌는 경우가 많은데요. 여기에 이국적인 풍미의 소스만 더해도 감각적이고 세련된 안주로 업그레이드된답니다. 기름진 차돌박이는 산미가 있는 소스와 특히 잘 어울리다 보니 만능 향긋한 라임 청양고추 간장 소스와의 밸런스가 완벽해요. 한입 베어 물면 쭉~ 늘어나는 스트링 치즈도 매력적이에요.

COOKING UTENSILS

칼, 도마, 브러시, 찜기, 볼, 고무 스패출러, 집게

INGREDIENTS

재료 깻잎 10장, 쪽파 10대, 스트링 치즈 5개, 팽이버섯 1개, 차돌박이 200g, 타이 스타일 칠리소스(13P 참고) 3Ts
초간장 소스 만능 향긋한 라임 청양고추 간장 소스(10P 참고) 5Ts, 다진 고수 2Ts

RECIPE

1   깻잎은 반으로 썰고 쪽파와 스트링 치즈는 4cm 길이로 썬다. 팽이버섯은 밑동을 제거한다.
2   차돌바이 잇면에 브러시를 사용해 타이 스타일 칠리소스를 고루 바른다.

3 깻잎을 펼치고 쪽파, 팽이버섯, 스트링 치즈를 올려 만다.
4 김이 오른 찜기에 넣고 뚜껑을 덮은 뒤 3분간 찐다.
5 초간장 소스 재료를 모두 섞는다.
6 접시에 찐 차돌박이와 초간장 소스를 담아 완성한다.

TIP 취향에 맞춰 다양한 채소를 추가해보세요.

홀스래디시
크림을 곁들인
스터프드 에그

구름처럼 가볍고 고소한 생크림

달걀은 다양한 요리에 활용할 수 있고 맛과 영양까지 최고예요. 이제는 집에서 달걀을 삶을 필요가 없을 정도로 여러 종류의 시판 삶은 달걀을 구입할 수 있는 데요. 저는 가볍게 휘핑한 생크림과 채소, 훈제 연어를 섞고 달걀흰자 안에 채 워 한입에 먹기 좋은 카나페를 완성했어요. 샴페인이랑 특히 잘 어울린답니다.

COOKING UTENSILS

칼, 도마, 볼, 고운체, 고무 스패출러, 스푼, 제스터

INGREDIENTS

재료 반숙란 3개, 라임 제스트 2개 분량
스터핑 생크림 125g, 홀스래디시 50g, 사워크림 20g, 다진 양파 2Ts, 다진 케이퍼 1ts, 다진 쪽파 2Ts, 다진 훈제 연어 50g, 다진 딜 5g

RECIPE

1. 반숙란은 반으로 썰어 흰자와 노른자를 분리한다. 달걀노른자는 고운체에 내린다.
2. 볼에 얼음물을 받쳐 생크림을 단단하게 휘핑한다.
3. 다진 채소와 훈제 연어는 키친타월로 물기를 제거한다.
4. ❷에 ❸과 나머지 스터핑 재료를 넣고 섞는다.
5. 달걀흰자 안에 스터핑을 채우고 고운체에 내린 달걀노른자와 라임 제스트를 뿌려 완성한다.

TIP 스터핑은 훈제 연어, 훈제 오리, 스테이크에 곁들여도 정말 잘 어울려요

HALF TIME

하프 타임

공격수셰프는 뭘 마실까? 최근 1년 동안 가장 많이 마신 주류가 무엇인지 생각하며 냉장고에서 하나하나 꺼내 봤어요. 별다른 고민 없이 선정했답니다.

MARIAGE

와인과 위스키를 즐기다 보면 오랜 시간 많은 대화가 이어져요. 그만큼 가까운 지인이 아니면 함께하기 어렵다는 결론에 다다르기도 하고요. 와인은 시음 적기라는 것이 존재하는데요. 올드 빈티지라고 해서 무조건 좋은 것이 아니라 시음 적기의 와인을 그와 잘 어울리는 음식과 함께 매칭했을 때 정말 황홀할 정도로 완벽한 마리아주를 느낄 수 있죠. 비싼 와인이나 음식만이 아니라 평소에 좋아하는 음식을 나만의 취향이 반영된 와인과 함께 즐기면 그것이 바로 마리아주라고 생각해요.

ATZE'S CORNER EDDIES OLD VINE SHIRAZ
엣지스 코너 에디스 올드 바인 쉬라즈

호주 바로사 밸리의 시라 품종 와인입니다. 1912, 1951, 1975년에 심은 올드 바인Old vine(늙은 수령의 포도나무)에서 수확한 포도로 양조해 오래된 포도나무에서 오는 힘과 집중도를 느낄 수 있습니다. 프렌치 오크통과 아메리칸 오크통에서 숙성해 세련된 오크 향이 살아 있고 감칠맛을 노련하게 표현한 것 같아요. 캠핑이나 바비큐를 할 때 빼놓을 수 없는 레드 와인 중 하나로 숯불에 구운 삼겹살, 소고기, 양고기와 정말 잘 어울려요. 고기를 굽기 1시간 전에 미리 열어두면 잘 익은 과실감, 농축된 묵직함과 함께 피니시가 오래 지속될 거예요.

DUCHESSE DE BOURGOGNE
듀체스 드 부르고뉴

발효 후 오크통에서 장기 숙성을 거친 맥주와 미숙성 맥주를 섬세하게 블렌딩해 숙성 과정에서 증폭되는 산미가 맥주라고 믿기 힘들 정도예요. 지인을 통해 처음 경험했을 때는 내추럴 와인인 줄 알았어요. 병의 모양과 '부르고뉴'라는 이름이 착각을 일으키기에 충분했죠. 오밀조밀한 탄산과 산뜻한 산미, 개성 강한 풍미, 언제 어디서든 오픈해 마실 수 있는 샴페인식 오픈 방식 등 제가 좋아하는 요소를 모두 갖추고 있어요.

ORIGINAL BEER COMPANY BULLROCK STOUT
오리지널비어컴퍼니 불락 스타우트

오리지널비어컴퍼니는 편의점에서 네 캔에 1만원에 팔던 맥주가 즐비하던 시기에 혜성같이 등장한 국내 수제 맥주인데요. 한 병 가격이 2만원대 중반이지만 샴페인병과 코르크 마개를 사용하고 샴페인 효모나 제피, 오렌지 제스트, 코리앤더 시드 등 요리에 사용할 법한 재료들을 접목시킨 점이 흥미롭더라고요. 여러 라인 중에서 불락 스타우트를 선호하는 이유는 퇴근 후 간단하게 크래커와 함께 즐기기 좋고 숯불에 구운 육류와도 잘 어울리기 때문이에요. 특유의 높은 알코올 도수와
장기 배럴 숙성에서 오는 오크와 바닐라 터치, 복합적인 맛의 레이어가 촘촘히 쌓여 깊고 다채로운 맛이 매력적이에요.

THE BALVENIE 15-YEAR-OLD MADEIRA CASK
더 발베니 15년 마데이라 캐스크

저는 자기 전에 한 잔 마시는 나이트캡 Nightcap 을 즐기는 편이에요. 더 발베니 15년 마데이라 캐스크는 여행자들을 위한 면세 전용 제품으로 기존 발베니와는 캐릭터가 달라 호불호가 확실해요. 발베니 특유의 퍼포먼스를 느끼기엔 시간이 필요하기 때문에 오픈하고 한 잔 마신 뒤 일주일 단위로 한 잔씩 마시면서 다양한 퍼포먼스를 느껴보는 것을 추천해요. 개인적으로 오픈 후 한 달이 지난 뒤 마셨을 때가 가장 좋더라고요. 이번에 소개하는 초콜릿 디핑 소스와 추로스 또는 생다크 초콜릿과 페어링해보세요. 오늘 하루도 수고했다며 따스하게 다독여줄 거예요.

HIBIKI HARMONY
히비키 하모니

위스키의 감성을 종이로 표현한 라벨 '와시和紙'(일본의 수제 종이)에 반해 관심을 갖게 된 블렌디드 위스키예요. 위스키가 숙성되는 시간을 상징하는 24절기, 24시간의 흐름을 담아 24면으로 깎아 만든 병의 디자인이 눈길을 사로잡고 그 안에 담긴 스토리도 정말 좋더라고요. 어느 것 하나 튀지 않고 겸손하면서 품위가 있는 맛을 지녔는데요. 특히 산미와 단 향이 조화로워 퇴근 후 온더록스나 하이볼로 즐겨 마셔요. 이건 저만의 팁인데요. 온더록스, 하이볼을 만들 때 보리차 얼음을 활용해보세요. 레몬 대신 라임을 곁들이시고요. 작은 변화이지만 또 다른 매력을 느낄 수 있을 거예요.

HENRI GIRAUD HOMMAGE AU PINOT NOIR
앙리 지로 오마주 오 피노 누아

100% 피노 누아로 만든 블랑 드 누아(Blanc de noir) 샴페인으로 개인적으로 가장 많이 마신 샴페인이기도 해요. 진한 황금빛 컬러, 짭조름한 미네랄리티, 갈변된 사과에서 느껴지는 다채로운 산미와 달콤한 향, 과실의 복합미, 섬세하고 우아한 뉘앙스까지 제가 생각하는 이상적인 샴페인의 조건을 다 갖추었어요. 가격도 10만원대 중반으로 오랜만에 만난 지인들과 함께 마시기 부담이 없어요. 보통 신선한 해산물이나 너무 무겁지 않은 음식과 페어링하는데요. 제 최애 페어링은 토스터에 가볍게 구운 식빵입니다.

CEPPA21
세파21

마치 우리나라 막걸리처럼 우윳빛이 나는 펫낫(Pét-nat, Pétillant naturel의 줄임말로 자연적인 스파클링 와인을 말함)이에요. 독특한 내추럴 와인이죠. 섬세한 기포, 시트러스와 파인애플, 망고 등 열대 과일의 향, 강렬한 미네랄리티가 정말 매력적이고요. 무더운 날 아무 생각 없이 벌컥벌컥 마시기에 딱 좋아요.

HENRI GIRAUD BRUT MV17
앙리 지로 브뤼 MV17

퓌드쉔Fut de Chene으로 기억하고 계신 분들이 많을 텐데요. 다양한 샴페인의 라인업 변화로 MV15부터 따로 표기하지 않는다고 해요. 피노 누아 80%와 샤르도네 20%를 블렌딩하고 1990년부터 숙성시키고 있는 리저브 와인을 30% 이상 사용해요. 기존 퓌드쉔은 오크통에서 12개월간 숙성시켰는데 현재는 아르곤 숲에서 자란 참나무 오크통에서 9개월간 숙성시키고 있어요. 오크의 과다한 개입을 줄여 예전의 지나치게 버터리한 풍미에서 탈피하고 더욱 세련된 샴페인으로 변화하기 위해서라고 해요. 입안에서 침을 고이게 하는 화사한 산미와 섬세한 밸런스가 특징으로 '버블이 있는 몽라셰Montrachet'라고 불릴 정도이지요.

VALENTIN LEFLAIVE MA 1760 BRUT ROSE
발렁땅 르플레브 MA 1760 브뤼 로제

매혹적인 컬러만 봐도 설렘이 느껴지는 로제 샴페인. 발렁땅은 화이트 와인 맛집인 올리비에 르플레브의 넷째 아들 이름이에요. 와인 라벨이 흥미로운데 MA는 르 메닐쉬르오제Le Mesnil-sur-Oger에서 수확한 샤르도네 49%와 앙보네Ambonnay에서 수확한 피노 누아 51% 블렌딩이라는 의미이고 17은 빈티지, 60은 잔당이에요. 산뜻한 베리 플레이버와 은은한 타닌이 느껴지며 저는 크래커, 치즈, 케이크, 견과류와 함께 즐기는 것을 선호해요.

CHATEAU DE BLIGNY BLANC DE BLANC MILLESIME BRUT RM
샤또 드 블리니 블랑 드 블랑 밀레짐 브뤼 RM

RM은 Récoltants Manipulants의 줄임말로 직접 재배한 포도만을 사용해 양조한 샴페인을 가리킵니다. 샤또 드 블리니는 샹파뉴 지역에서 유일하게 성을 소유하고 있는 샴페인 하우스예요. 샤르도네만으로 양조한 블랑 드 블랑으로 2차 발효 후 8년간 병 숙성해 빈티지 샴페인에서 주로 보이는 오밀조밀하면서 섬세한 버블이 식욕을 돋우고 잘 익은 복숭아와 배의 은은한 단 향, 토스티한 뉘앙스가 어우러져 날생선부터 스테이크까지 어떤 음식과도 잘 어울립니다.

UMA VINO ROSATO FRIZZANTE
우마 비노 로사토 프리잔떼

복합미가 느껴지기보다는 직관적으로 맛있는 내추럴 로제 스파클링 와인이에요. 낮은 도수, 오밀조밀한 탄산, 사과주스를 블렌딩해 주스처럼 가볍게 마실 수 있어요. 술을 잘 못 마시는 여성분들이 특히 좋아하더라고요. 얼음을 곁들여 바삭한 치킨과 함께 즐겨보세요. 저는 콜라 대용으로 자주 마신답니다.

MARK HOLY
마크홀리

전통적인 발효제인 누룩 대신 에일 맥주 효모를 사용해 독특한 매력을 지닌 막걸리예요. 마크 홀리의 탄생에는 특별한 페르소나(가상 인물)가 있어요. 미국에서 태어나 엔지니어를 꿈꾸던 외국인 마크 홀리가 한국에서 맛본 막걸리에 빠져 자신의 이름을 내건 막걸리를 내놓았다는 스토리텔링도 재미있죠. 마크 홀리를 여러 번 소리 내 읽다 보면 '막걸리'와 발음이 비슷하다는 것도 알 수 있어요. 인공 감미료를 사용하지 않아 기분 좋은 단맛과 은은한 산미가 느껴지고 쌀을 넉넉하게 넣어 묵직한 보디감이 특징이에요.

BOKSOONDOGA
복순도가

샴페인 막걸리라고도 불리는 복순도가는 산미와 단맛의 밸런스, 깔끔한 청량감을 지녔어요. 손으로 빚어 전통 방식 그대로 항아리에 담아 발효시키지만 막걸리를 아주 세련되게 표현해요. 유통 기한이 20일 정도인데 방부제가 들어가지 않아 그대로 두면 막걸리 식초가 되고, 더 익으면 청주로도 활용이 가능해요.

IWA 5 ASSEMBLAGE
이와 5 아썽블라쥬

28년간 돔 페리뇽 최고양조책임자였던 리샤르 조프로이(Richard Geoffroy)가 사케 양조장의 오너인 마츠다 유이치로와 함께 만든 사케예요. 세계 최초로 세 가지 쌀과 다섯 가지 효모를 블렌딩하고 쌀을 65% 깎아낸 뒤 남은 35%로 술을 담그죠. 순수하고 깔끔하면서 온도에 따라 여러 가지 아로마와 복합미를 느낄 수 있어요. 다양한 온도로 즐기면서 그에 맞는 음식을 페어링해보세요.

つるうめ ゆず酒
츠루우메 유즈슈

생유자 특유의 향긋하면서 새콤달콤한 풍미와 감칠맛이 있어 주량이 약한 분들도 부담 없이 즐길 수 있는 유자 사케예요. 홈파티나 집들이 선물용으로 제격이죠. 과실의 상큼함을 즐기고 싶다면 스트레이트를 추천하고 하이볼이나 온더록스로 즐겨도 잘 어울려요. 제가 생각하는 최고의 페어링은 바로 분식이에요.

NEWTON UNFILTERED CHARDONNAY
뉴튼 언필터드 샤도네이

저는 미국 캘리포니아 나파밸리의 와인 중에 너무 과한 오크 터치가 느껴지는 것은 즐기지 않아요. 첫 잔은 맛있지만 금방 질리는 느낌이 들거든요. 뉴튼 언필터드 샤도네이는 완성도 높은 부르고뉴 샤르도네 화이트 와인 뉘앙스에 캘리포니아 테루아가 잘 반영되어 있다고 생각해요. 적당한 오크 터치와 바닐라, 구운 사과, 토스트한 견과류의 풍미가 조화를 이루고 피니시에서 빵하고 터지는 산미가 매력적이에요. 와인 셀러에 쟁여놓았다가 기분 좋은 날 친한 친구와 군것질하듯 꺼내 마시고 싶어요.

DOMAINE GIROUX POUILLY FUISSE VIELLES VIGNES
도멘 지후 푸이퓌세 비에이 비뉴

푸이퓌세는 프랑스 부르고뉴 마코네 지역의 마을 이름으로 석회석과 무기질 점토가 결합된 독특한 테루아를 지녔어요. 생산자인 세바스티앙 지후는 100% 유기농 재배 방식과 양조 방식을 고수하고 30개월 동안 숙성시켜 매력적인 밀도와 보디감, 은은한 오크 터치, 아름다운 과실과 풍부한 꽃 향, 상쾌하고 활기찬 산도의 밸런스가 특징이에요. 미네랄의 매우 긴 피니시는 덤이고요. 크리미하게 조리한 갑각류나 닭고기와 정말 잘 어울려요.

DOMAINE BERNARD MOREAU ET FILS CHASSAGNE MONTRACHET
도멘 베르나르 모로 에 피스 샤샤뉴 몽라셰

최근 지인들과 모임에 자주 등장해 처음 경험하게 되었는데요. 마실 때마다 감탄이 절로 나와요. 매우 순수하고 섬세하면서 집중도가 있는 샤르도네로 화사하게 피어오르는 산도의 밸런스를 느낄 수 있어요. 기분 좋은 벌꿀 뉘앙스와 향기로운 꽃 향, 은은하게 코끝을 스치는 고소한 유질감까지 샤샤뉴 몽라셰의 진가를 충분히 보여준답니다.

DOMAINE OLIVIER LEFLAIVE PULIGNY MONTRACHET 1ER CRU "REFERTS"
도멘 올리비에 르플레브 풀리니 몽라셰 프리미에 크뤼 "흐페흐"

부르고뉴의 부티크 도멘으로 화이트 와인 최고의 맛집이라고 표현하고 싶어요. 그중에서도 상위 라인이라 중요한 모임에 가져가거나 소중한 지인들과 즐기기 좋아요. 20개월간 오크통에서 숙성시켜 다른 풀리니 몽라셰 와인보다 더 남성적이고 묵직한 뉘앙스가 있는데요. 하지만 다채로운 향이 어우러지고 완벽에 가까운 산도가 뒤를 받쳐주죠. 하루 종일 향만 맡아도 행복할 것 같아요. 열심히 돈을 벌어 데일리 와인으로 즐기는 것이 제 꿈이에요. (웃음)

CATALINA SOUNDS BARREL FERMENTED SAUVIGNON BLANC
카탈라나 사운즈 배럴 퍼먼티드 소비뇽 블랑

제 최애 데일리 와인으로 직관적으로 정말 맛있는 소비뇽 블랑 와인이에요. 이 와인을 추천해준 지인들에게 고맙다는 피드백도 많이 받았어요. 뉴질랜드 말보로의 일반적인 소비뇽 블랑과는 전혀 다른 캐릭터를 가지고 있어서 '넌 도대체 정체가 뭐냐!'는 말이 절로 나오죠. 마치 카멜레온 같아요. 오픈하자마자 느껴지는 잘 익은 열대 과일의 향, 바닐라의 달콤한 향, 섬세한 오크 그리고 시트러스의 기분 좋은 산미까지 구대륙의 화이트 와인처럼 복합미가 느껴지죠. 안주 없이 와인만 즐겨도 좋고 해산물, 육류까지 넓은 범위의 페어링도 가능해요. 매일 만나도 즐거운 친구 같은 와인이에요.

DOG POINT CHARDONNAY
도그 포인트 샤도네이

과거 뉴질랜드 말보로 지역의 양떼 목장에서 양을 치던 개들이 목장이 없어진 후에도 그대로 남아 야생의 상태로 생활했는데요. 그곳에 와이너리를 설립하면서 도그 포인트라는 이름을 붙였다고 해요. 뉴질랜드 화이트 와인 특유의 신선하면서도 풍부한 질감에 풀보디 와인의 꽉 찬 맛과 긴 여운을 느낄 수 있어요. 한번 맛보면 잊기 힘들 만큼 캐릭터가 뚜렷해요.

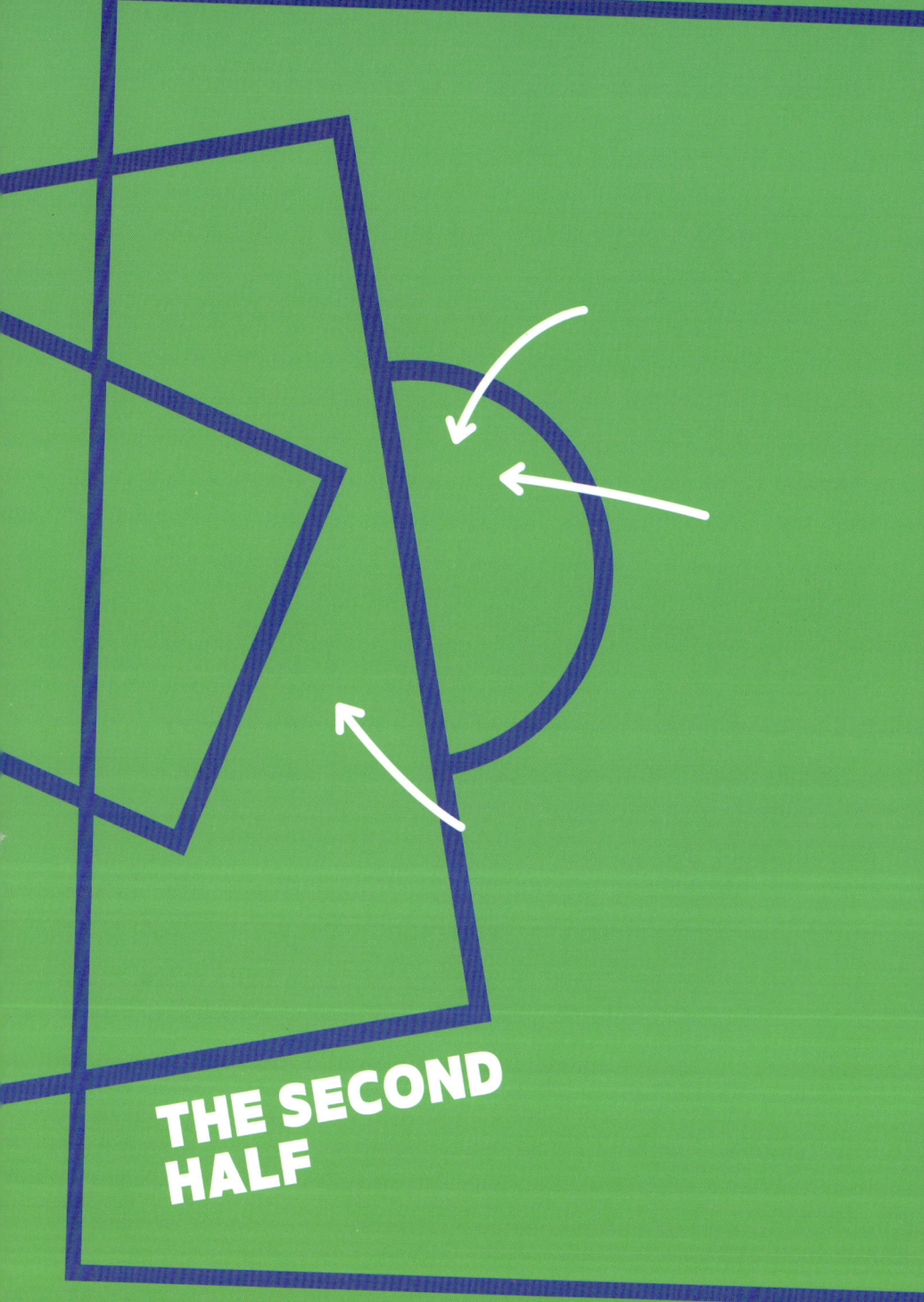

후반전

⚽ 이제 몸도 좀 풀렸겠다 세트 플레이 좀 만들어볼까요.
익숙한 재료를 사용하지만 재미나게 트위스트된
메뉴들을 즐겨보세요. 연장전으로 가기 위해 상큼한
라임과 키위로 리프레시 한 번 하고 갈게요.

고등어구이와
송어알
레몬 버터 소스

Chef's kick 뱅글탱글 기분 좋게 짭조름한 송어알

밥반찬으로 즐기던 고등어구이에 크리미하면서 감칠맛이 풍부한 소스를 곁들였어요. 익숙하면서도 이색적인 매력이 있답니다. 저는 구이용 고등어 필레를 사용했고요. 송어알은 연어알이나 날치알로 대체해도 괜찮아요.

COOKING UTENSILS

칼, 도마, 가위, 고운체, 냄비, 프라이팬, 고무 스패출러, 제스터, 종이 포일

INGREDIENTS

재료 구이용 고등어 ½마리, 밀가루 ½C, 포도씨유 5Ts, 굵은소금 적당량
소스 생크림 100g, 만능 우마미 버터(12P 참고) 5Ts, 레몬 제스트 1개 분량, 송어알 2Ts, 다진 쪽파 2Ts

RECIPE

1 고등어는 가위를 사용해 지느러미를 제거하고 굵은소금으로 문질러 투명한 막을 제거한다.
2 흐르는 물에 깨끗이 씻고 키친타월로 물기를 제거한다.
3 고등어의 앞뒷면에 고운체를 사용해 밀가루를 고루 뿌린다.

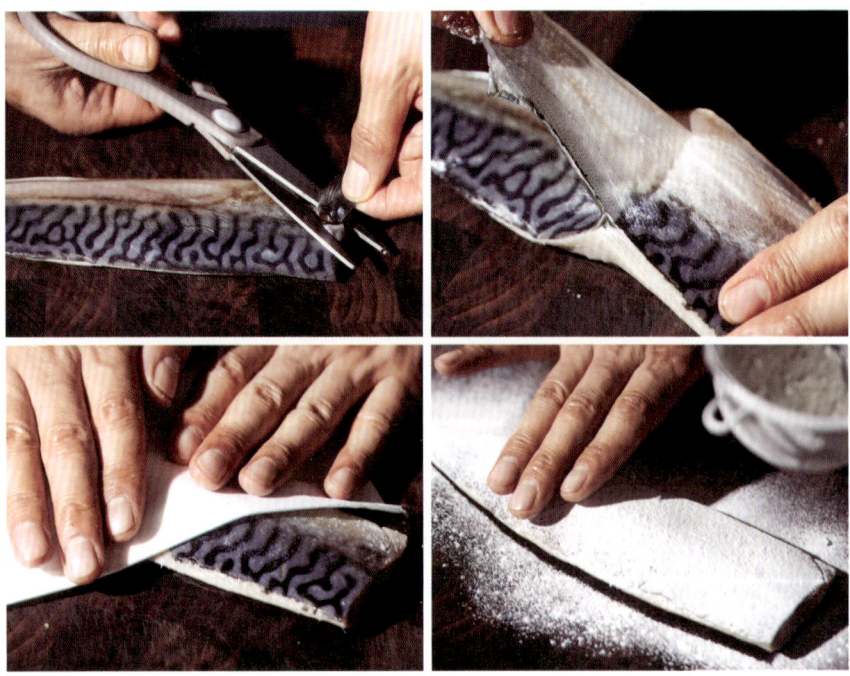

GUAL

4   팬에 종이 포일을 깔고 포도씨유를 두른 뒤 고등어를 중불에서
    앞뒤로 노릇하게 5분간 굽는다.
5   큰 뼈와 가시를 제거한다.
6   종이 포일을 걷어낸 뒤 생크림을 넣고 끓어오르면 불에서 내린다.
7   만능 우마미 버터를 넣고 유화시킨 뒤 레몬 제스트, 송어알, 다진
    쪽파를 섞는다.
8   접시에 소스를 깔고 **5**를 올려 완성한다.

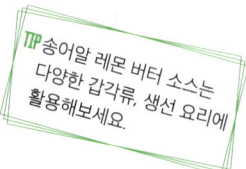

TIP 송어알 레몬 버터 소스는
다양한 갑각류, 생선 요리에
활용해보세요.

골드 키위와 라임 글레이즈

쨍한 산미가 매력적인 화이트 발사믹 글레이즈

정말 말도 안 되게 간단하지만 맛을 보면 항상 깜짝 놀라는 과일 플레이트예요. 사실 너무 간단해서 책에 넣어야 하나 고민을 많이 했는데요. 지인들이 이 메뉴는 더 많은 사람들이 즐겨야 한다고 해서 이렇게 소개해요. 잘 익은 골드 키위에 시판 화이트 발사믹 글레이즈를 뿌리고 라임 제스트를 넉넉히 올리기만 하면 끝이에요. 일반 발사믹 글레이즈를 뿌리면 안 되냐는 분들이 많은데요. 그 또한 매력이 있지만 단맛보다는 산미가 도드라지는 화이트 발사믹 글레이즈를 뿌려야 지저분해 보이지 않고 심플하면서도 아름다운 플레이팅을 완성할 수 있어요.

COOKING UTENSILS

칼, 도마, 제스터

INGREDIENTS

재료 골드 키위 2개, 화이트 발사믹 글레이즈 30g, 라임 제스트 2개 분량

TIP 다양한 무스 형태의 디저트와 함께 곁들여보세요.

RECIPE

1 골드 키위는 껍질을 벗기고 8등분한다.
2 접시에 담고 화이트 발사믹 글레이즈를 뿌린 뒤 라임 제스트를 수북이 올려 완성한다.

떡갈비 핫도그

Chef's kick 고소한 풍미를 더하는 소 지방

달콤하면서도 짭조름한 간장 양념과 새콤 달콤 김치잼의 조합은 직관적으로 맛있는 일종의 치트키라고 할 수 있어요. 새콤 달콤 김치젬은 특히 칸칭과 크림베이스 소스와 찰떡궁합이랍니다. 떡갈비 핫도그는 만들기 간단해 간식과 브런치 메뉴로도 추천해요. 저는 당연히 와인과 함께 즐기는데요.(웃음) 디시 자체의 캐릭터가 있어서 너무 섬세한 와인보다는 비싸지 않은 미국산이나 호주산 레드 와인을 추천해요. 떡갈비는 납작하게 만들어 버거 패티로 활용해도 좋아요.

COOKING UTENSILS

칼, 도마, 프라이팬, 집게, 고무 스패츌러, 스푼

INGREDIENTS

재료 다진 소고기 200g, 다진 소 지방 60g, 설탕 2Ts, 다진 마늘 2Ts, 다진 대파(흰 부분) 4Ts, 참기름 3Ts, 맛소금 1ts, 후춧가루 ½Ts, 새콤 달콤 김치잼(11P 참고) 5Ts, 다진 쪽파 2Ts, 핫도그 번 2개, 버터 1Ts, 포도씨유 5Ts, 어린잎 채소 약간

RECIPE

1. 볼에 다진 소고기, 소 지방, 설탕, 다진 마늘, 다진 대파, 참기름, 맛소금, 후춧가루를 넣어 섞는다.
2. 한입 크기의 공 모양으로 만든다.
3. 새콤 달콤 김치잼과 다진 쪽파는 섞는다.

TIP 남은 떡갈비에 토마토소스나 크림소스, 로제 소스를 곁들여보세요. 아주 매력적일 거예요.

kick

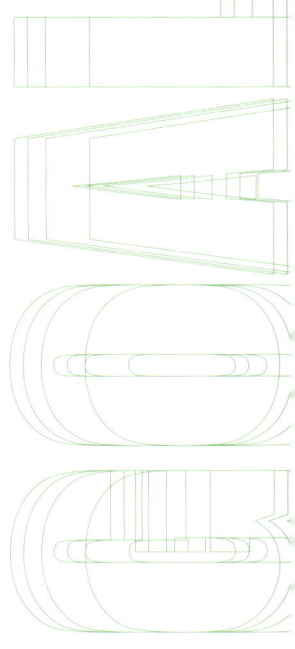

4 핫도그 번은 가운데 칼집을 넣고 버터를 두른 팬에 안쪽이 노릇해지도록 굽는다.
5 팬에 포도씨유를 두르고 **2**를 노릇하게 구운 뒤 토치를 사용해 불 향을 입힌다. 숯불에 구우면 더 좋다.
6 핫도그 번에 떡갈비, **3**, 어린잎 채소 순으로 넣어 완성한다.

마이야르 소고기 소보로 덮밥

Chef's kick 고소하고 감칠맛이 좋은 만능 우마미 버터

구단주 중에 20대 자취생이 많다 보니 고기가 들어간 든든한 한 끼 식사 메뉴 유청이 많아요. 가벼운 주머니 사정을 고려해 상대적으로 저렴한 다진 소고기를 활용해 덮밥을 만들었어요. 먼저 다진 고기를 양념한 뒤 센 불에서 수분감 없게 볶아 마이야르 반응을 끌어냈어요. 여기에 만능 우마미 버터로 볶은 스크램블드에그를 더해 감칠맛을 한 번 더 끌어올렸더니 맛이 한층 풍부해졌어요. 모든 요소를 다 같이 비벼 먹으면 돼요.

COOKING UTENSILS

칼, 도마, 볼, 프라이팬, 고무 스패출러, 나무 주걱, 스푼

INGREDIENTS

재료 쪽파 7대, 다진 소고기 150g, 양조간장(진간장도 가능) 3Ts, 맛술 3Ts, 후춧가루 ½ts, 다진 마늘 2Ts, 설탕 1Ts, 포도씨유 3Ts, 즉석밥(210g) 2개, 달걀노른자 1개, 후리카케 1Ts, 참기름 1Ts
스크램블드에그 달걀 4개, 만능 우마미 버터(12P 참고) 50g, 맛소금 약간

RECIPE

1 쪽파는 흰 부분과 녹색 부분을 각각 다진다.
2 볼에 다진 소고기와 쪽파 흰 부분, 간장, 맛술, 후춧가루, 다진 마늘, 설탕을 넣고 섞어 10분간 재운다.

TIP 다진 양고기를 사용해도 잘 어울려요.

3 팬에 포도씨유를 두르고 **2**를 넣어 센 불에서 물기가 없도록 바삭하게 볶는다.

4 달걀은 풀어 맛소금으로 간한다.
5 팬에 만능 우마미 버터를 녹인 뒤 4를 넣고 중불에서 부드럽게 스크램블한다.
6 그릇에 즉석밥을 담고 마이야르 소고기 소보로, 스크램블드에그, 쪽파 녹색 부분, 달걀노른자 순으로 볼륨감 있게 올린다.
7 후리카케와 참기름을 뿌려 완성한다.

부라타 치즈와
단새우 피클

Chef's kick 새콤 달콤한 단새우 피클

크리미한 부라타 치즈와 새콤 달달한 발사믹 비니거의 조합은 언제 먹어도 맛있잖아요. 여기에 남은 찬이 피클 주스를 활용한 단새우 피클을 곁들였어요. 지인들을 초대해 맛을 보여주니 너무 신기해하고 좋아하더라고요. 요즘은 손질된 냉동 단새우를 새벽 배송으로 받아볼 수 있어서 별다른 조리 없이도 멋진 홈파티 메뉴를 완성할 수 있답니다. 남은 피클 주스가 있다면 작은 유리병에 담아 선물해도 좋아요. 의외로 활용도가 높거든요.

COOKING UTENSILS

칼, 도마, 나무젓가락, 스푼, 피클 용기

INGREDIENTS

재료 부라타 치즈 1개(100g), 엑스트라 버진 올리브유 3Ts, 타임 1줄기, 화이트 발사믹 글레이즈 3Ts, 후춧가루 약간
단새우 피클 손질된 냉동 단새우 1팩(20미, 75g), 참외 피클 주스 200ml

RECIPE

1. 냉동 단새우는 해동하고 참외 피클 주스에 1시간 동안 담근다.
2. 부라타 치즈는 수분을 제거하고 반으로 썬다.
3. 접시에 부라타 치즈를 단면이 보이도록 놓고 단새우 피클과 엑스트라 버진 올리브유, 타임을 곁들인다.
4. 화이트 발사믹 글레이즈와 후춧가루를 뿌려 완성한다.

TIP 아삭한 샐러드 채소를 곁들여보세요.

초간단 알배추찜

Chef's kick 오독오독 식감이 재미난 팽이버섯

샴페인 애호가인 제가 순수하게 식재료 본연의 맛을 느끼고 싶을 때 만들어 먹는 안주예요. 간장 양념에 재운 소고기를 팽이버섯고 함께 알배추 사이사이에 넣고 찐 요리인데요. 와인바킥의 여성 고객들이 제 유튜브 채널에 업로드된 알배추찜을 만들어 달라고 요청한 것이 현재 시그니처 메뉴로 이어졌어요. 달큰한 알배추와 간장으로 양념한 소고기, 오독오독 기분 좋게 씹히는 팽이버섯까지 이 세 가지 재료만 있으면 호불호 없는 요리를 완성할 수 있어요.

COOKING UTENSILS

칼, 도마, 찜기, 집게, 나무젓가락, 스푼

INGREDIENTS

재료 알배추 500g, 팽이버섯 1봉, 시판 양념 꽃갈빗살(또는 소불고기) 200g,
만능 향긋한 라임 청양고추 간장 소스(10P 참고) 5Ts, 다진 쪽파 2Ts

RECIPE

1. 알배추는 길게 4등분하고 팽이버섯은 밑동을 제거한다.
2. 알배추 사이사이에 꽃갈빗살과 팽이버섯을 채운다.
3. 김이 오른 찜기에 넣은 뒤 뚜껑을 덮고 찐다. 배추의 식감을 살리고 싶으면 7분, 부드러운 식감을 원한다면 10분간 찐다.
4. 찐 알배추를 접시에 담고 만능 향긋한 라임 청양고추 간장 소스와 다진 쪽파를 올려 완성한다.

TIP 고기 대신 다진 새우를 사용해도 좋아요.

추억의 국물 떡볶이

Chef's kick 감칠맛 폭탄 미역국 라면 액상 스프와 미역 플레이크

떡볶이를 싫어하는 사람이 있을까요? 평생 먹어도 질리지 않는 한국인의 소울 푸드라고 할 수 있죠. 최근 가장 즐겨 먹는 쇠고기 미역국 라면의 사리를 다양한 요리에 쓰다 보니 플레이크와 액상 스프가 남아 육수 베이스로 활용하는데요. 감칠맛을 위해 떡볶이 육수를 낼 때 사용했더니 공격수셰프 최애 떡볶이 레시피가 탄생했어요. 의심하는 거 알아요. 하지만 속는 셈 치고 한번 만들어보세요.

COOKING UTENSILS

칼, 도마, 프라이팬, 볼, 고무 스패출러, 나무 주걱

INGREDIENTS

재료 대파 1대, 사각 어묵 5장, 밀떡 300g, 후춧가루 0.5Ts, 반숙란 2개
소스 포도씨유 2Ts, 고추장 2Ts, 진간장 1Ts, 고운 고춧가루 5Ts, 쌀조청 2Ts, 설탕 2Ts, 쇠고기 미역국 라면(오뚜기) 액상 스프 1개, 미역 플레이크 1개, 물 1L

RECIPE

1. 대파는 어슷하게 썬다.
2. 어묵은 먹기 좋은 크기로 썬다.

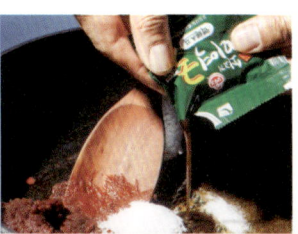

3 팬에 포도씨유와 고추장을 넣고 중불에서 30초간 볶는다.
4 진간장, 고춧가루를 넣고 중불에서 10초간 볶는다.

5   쌀조청, 설탕, 액상 스프, 미역 플레이크, 물을 넣고 2분간 끓인다.
6   밀떡은 찬물에 헹군 뒤 5에 넣고 떡이 부드러워질 때까지 5분 정도 끓인다.
7   어묵, 대파, 후춧가루를 함께 넣고 2분간 끓인다.
8   그릇에 담고 반숙란을 올려 완성한다.

TIP 밀떡 대신 분모자, 쌀떡, 가래떡으로 변경해 나만의 떡볶이를 완성해보세요.

통후추
크림소스와
스테이크

Chef's kick 풍미를 업그레이드하는 허브와 스테이크 시즈닝

집에서 스테이크를 구워 먹는다는 건 쉬운 일이 아니에요. 특히 고기를 구울 때 사방에 튀는 기름 뒤처리에 대한 부담감도 상당하죠. 이때 최고의 방법은 바로 리버스 시어링입니다. 에어프라이어나 작은 오븐만 있어도 육즙 가득 레스토랑에서 나올 법한 스테이크가 완성된답니다. 저온에서 천천히 고기 중심부의 온도를 올린 뒤 센 불에서 마이야르 반응만 끌어내면 되는데요. 취향에 맞춰 버터, 허브, 마늘 등을 추가하세요.

COOKING UTENSILS

칼, 도마, 프라이팬, 에어프라이어 또는 오븐, 바늘형 온도계, 집게, 스테인리스망, 트레이, 스푼, 고무 스패출러

INGREDIENTS

재료 소고기 등심 300g, 스테이크 시즈닝 1ts, 포도씨유 10Ts, 무염 버터 50g, 타임 10줄기, 마늘 5쪽, 고소한 통후추 크림소스(12P 참고) 150ml

RECIPE

1 소고기 등심은 앞뒤로 스테이크 시즈닝을 고루 뿌린다.
2 바늘형 온도계를 고기 중심부에 꽂고 100℃로 맞춘 에어프라이어에 넣는다. 오븐을 사용할 때도 같은 온도로 세팅한다.

TIP 다양한 육류로 응용해보세요.

3 심부 온도가 50℃ 이상이 되면 에어프라이어에서 꺼낸다. 보통 40분 정도가 소요된다.
4 팬에 포도씨유를 두르고 겉면이 노릇해지도록 센 불에서 앞뒤로 1분씩 굽는다.

5 불에서 내린 뒤 버터, 타임, 마늘을 넣고 3분간 버터를 끼얹는다. 스테인리스망을 올린 트레이에 건져 3분간 레스팅한다.
6 남은 오일은 버리고 고소한 통후추 크림소스를 부어 끓인다.
7 레스팅한 등심을 먹기 좋게 썰어 접시에 담은 뒤 소스를 뿌려 완성한다.

트러플
크림소스와
시금치 뇨키

Chef's kick 고소하고 짭조름한 관찰레

유럽 여행을 가서 수준 높은 시판 뇨키를 볼 때마다 우리나라에는 언제쯤 들어올까 생각을 많이 했어요. 최근 온라인에서 마음에 드는 뇨키를 찾아 자주 사용하고 있는데요. 덕분에 감자를 삶고 수분을 날린 뒤 밀가루와 다양한 재료를 섞어 뇨키를 만드는 수고를 덜었어요. 여기에 버터와 치즈를 유화시킨 뒤 트러플 오일로 향을 더한 소스를 곁들였는데요. 트러플 오일 대신 프레시 트러플을 사용하면 더욱 고급스럽고 품격 있는 디시를 완성할 수 있어요.

COOKING UTENSILS

칼, 도마, 팬, 고무 스패출러, 스푼

INGREDIENTS

재료 관찰레 50g, 통후추 10알, 냉동 시금치 뇨키 100g, 타임 3줄기, 물 150ml,
파르미지아노레지아노 치즈 가루 30g, 무염 버터 50g, 액상 치킨스톡 1Ts, 트러플 오일 2Ts, 파슬리 가루 2Ts

RECIPE

1. 관찰레는 사방 1cm 다이스로 썰고 통후추는 칼날을 눕혀 으깬다.
   관찰레가 없으면 통베이컨으로 해도 무방하다.
2. 마른 팬에 관찰레를 넣고 약불로 볶아 기름이 나오기 시작하면 으깬 통후추를 넣고 노릇하게 볶는다.
3. 뇨키와 타임, 물을 넣고 끓어오르면 30초 후에 불에서 내린다.
4. 파르미지아노레지아노 치즈 가루, 버터, 치킨스톡을 넣고 유화시킨다.
5. 트러플 오일과 파슬리 가루를 넣고 그릇에 담아 완성한다.

TIP 뇨키 대신 다양한 파스타 면을 활용해보세요.

한우
미나리
육회

Chef's kick 깊은 발효 풍미와 감칠맛이 살아 있는 묵은지

소스만 미리 만들어두면 집에서도 쉽고 간단히게 육회를 만들어 먹을 수 있어요. 저는 오랜 시간 숙성되어 김칠맛과 산비가 살아 있는 묵은지와 향긋한 미나리를 더해 사 먹는 것 못지않은 육회를 완성했는데요. 감칠맛과 향, 산미의 밸런스가 완벽해 개인적으로 가장 좋아하는 조합이기도 해요. 미나리는 되도록 잎 부분 위주로 사용하세요.

COOKING UTENSILS

칼, 도마, 볼, 나무젓가락, 고무 스패출러

INGREDIENTS

재료 묵은지 80g, 한우 우둔살(또는 꾸리살, 홍두깨살) 200g, 미나리 30g, 다진 쪽파 2Ts, 달걀노른자 1개
소스 참기름 40g, 고추기름 20g, 설탕 40g, 볶은 참깨 40g, 맛소금 10g, 후춧가루 20g

RECIPE

1 볼에 소스 재료를 모두 넣고 섞는다.
2 묵은지는 양념을 물로 씻어내고 물기를 제거한 뒤 채 썬다.
3 우둔살과 미나리는 4cm 길이로 채 썬다. 우둔살은 결 반대 방향으로 썰어야 질기지 않는다.
4 볼에 채 썬 우둔살과 미나리, 다진 쪽파, 소스 2Ts을 넣고 가볍게 버무려 접시에 담는다.
5 달걀노른자를 올려 완성한다.

TIP 밥 위에 올려서 육회비빔밥으로 즐겨도 좋아요.

항정살
라면
초무침

아삭하고 은은한 산미가 매력적인 사과

제가 가장 좋아하는 조합인 고기와 면! 한국인 중에 삼겹살과 항정살을 싫어하는 사람은 없을 거예요. 항정살은 기름진 맛 때문에 구이 말고 다른 요리로 풀어내기가 쉽지 않은데요. 저는 아삭할 시간이 채소를 듬뿍 넣어 쌈을 싸 먹는 느낌의 샐러드를 만들었어요. 여기에 신미가 절내 빠실 수 없기에 미리 만들어 숙성한 만능 겉절이 소스에 2배 사과식초를 섞어 산미를 증폭시켰답니다. 구워 먹고 남은 고기를 활용하면 좋은데요. 삼겹살, 차돌박이 등 기름진 부위와 특히 잘 어울려요.

COOKING UTENSILS

칼, 도마, 볼, 프라이팬, 집게, 고무 스패출러, 스푼

INGREDIENTS

재료 항정살 300g, 맛소금 1ts, 포도씨유 2Ts, 양파 ¼개, 사과 ¼개, 미나리 40g, 쪽파 40g, 청양고추 ½개, 마늘 1쪽, 참외 피클 ¼개, 청양고추 피클 1개, 날치알 3Ts, 줄기상추 절임(야마구라게) 60g, 깨소금 ½Ts, 삶은 라면 1개
소스 만능 겉절이 소스(10P 참고) 3Ts, 2배 사과식초 2Ts

RECIPE

1 항정살은 먹기 좋은 크기로 썰어 맛소금으로 간한다.
2 소스 재료를 모두 섞는다.
3 팬에 포도씨유를 두르고 센 불에서 항정살을 노릇하게 구워 식힌다.

4 양파와 사과는 채 썰고 미나리와 쪽파는 4cm 길이로 썬다.
5 청양고추와 마늘, 참외 피클, 청양고추 피클은 얇게 슬라이스한다.
6 볼에 청양고추, 마늘, 청양고추 피클, 깨소금을 제외한 나머지 재료와 소스를 넣고 가볍게 버무린다.
7 접시에 담고 청양고추, 마늘, 청양고추 피클, 깨소금을 올려 완성한다.

TIP 새우와 오징어, 문어, 좋아하는 회 등을 넣고 버무리면 근사한 회무침으로 변신해요.

INJURY TIME

Eat it, Drink it, kick

저는 20년 넘게 요리를 하면서 단 한 번도 동일한 콘셉트의 F&B 업장을 오픈하지 않았어요. 이유는 단순해요. 틀에 박힌 걸 싫어하거든요. 다양한 레스토랑을 운영하면서 수준 높은 음식과 와인을 선보이는 공간이 있었으면 좋겠다는 생각이 들었어요. 그렇게 시간이 지나고 와인의 매력에 빠지면서 오너 셰프로서 그런 공간을 만들고 운영하고 싶은 욕심이 커졌죠. 대부분의 와인 바에서 즐길 수 있는 먹을거리가 프로슈토 같은 육가공품이나 견과류, 치즈 등으로 한정적이라는 점이 아쉽더라고요. 그래서 메뉴는 다채롭게 가져가되 양을 줄여 여러 가지 메뉴를 와인과 함께 맛보고 즐길 수 있도록 했어요. 계속해서 와인을 공부하고 음식과 매칭해가면서 오늘도 성장하는 중이죠.

와인바킥은 음식, 와인 그리고 소통과 경험을 다양한 킥으로 전달하는 것이 목표예요. 팀원들과 함께 고객의 입장에서 직접 경험해보며 메뉴를 기획하고 있어요. 서비스할 때와 동일한 음악을 틀고 조명 또한 동일한 조도로 맞춘 뒤 와인과 음식을 즐기며 불필요한 과정을 걷어내는 작업을 하죠. 메뉴가 너무 과하거나 와인에 대한 설명이 불편하게 느껴져서도 안 되죠. F&B는 살아 숨 쉬는 생명체와도 같다고 생각해요. 브랜드마다 매뉴얼이 있어도 매뉴얼은 단지 매뉴얼일 뿐 테이블에 앉은 고객의 분위기를 읽을 줄 알아야 해요. 정말 어렵지만 그렇기 때문에 경력이 쌓인 지금까지도 매력을 느끼는 것 같아요.

예전에는 단순히 음식에 중점을 두고 와인을 페어링했다면 지금은 와인을 먼저 시음한 뒤 그에 맞는 음식을 어떻게 만들지 고민하고 있어요. 그러다 보니 자연스럽게 제 개인적인 취향이 반영되기도 하더라고요. 샴페인과 화이트 와인을 선호해 메뉴의 방향성이 뚜렷한 편이죠. 축구로 비유하자면 누가 골을 넣는지보다는 이기는 것이 중요해요. 그 과정까지 흥미롭고 아름다우면 더할 나위 없고요. 저희는 경기에서 승리할 수 있도록 고객의 취향에 맞춰 와인과 음식을 추천해 어시스트하는 역할을 하는 거죠.

EXTRA TIME

이제 진짜 승부를 내야 하는데 내 맘대로 안 될 때가 많아요.
골대에 정확하게 꽂히는 프리킥같이 직관적인 맛에
멈출 수 없는 식욕과 포만감은 덤! 독특한 캐릭터의 메뉴들을
만날 수 있어요. 끝날 때까지 끝난 게 아니에요.

갈비찜 우마미 버터 덮밥

Chef's kick 알싸하면서 달콤한 향의 스타아니스

제 유튜브 채널에서 가장 높은 조회수를 기록한 요리는 갈비찜이에요. 소고기는 물론이고 돼지고기, 양고기로 대신해도 만족스러운 결과물을 얻을 수 있는데요. 고기 두께에 따라 조리 시간만 조절하세요. 제가 추천하는 소고기 부위는 진갈비살이에요. 적당히 기름진 부위와 달콤하고 짭조름한 간장 소스가 정말 잘 어울리거든요. 홈 파티 메뉴는 물론이고 식사 겸 안주로 이만한 요리가 없어요. 외국인들도 참 좋아하더라고요. 여기에 다양한 부재료를 곁들여 근사하게 플레이팅해보세요.

COOKING UTENSILS

칼, 도마, 냄비, 고운체, 고무 스패출러, 스푼

INGREDIENTS

재료 진갈비 1.5kg
갈비찜 소스 대파 2대, 배 1개, 청양고추 1개, 마늘 10쪽, 물 1.8kg, 진간장 360g, 설탕 180g, 물엿 300g, 통후추 10알, 월계수 잎 1장, 스타아니스 1개
추가 재료 즉석밥(150g) 2개, 만능 우마미 버터(12P 참고) 2Ts, 다진 쪽파 20g

RECIPE

1 진갈비는 근막과 지방을 손질한 뒤 먹기 좋은 크기로 썰고 찬물에 30분간 담가 핏물을 제거한다.
2 대파, 배, 청양고추는 깨끗이 손질해 큼직하게 썬다. 마늘은 칼날을 눕혀 으깬다.

3 냄비에 갈비찜 소스 재료를 전부 넣고 중불로 30분간 끓인 뒤 고운체를 이용해 내용물을 건진다.
4 진갈비를 넣고 중불에서 1시간 30분 동안 끓인다. 1시간 정도 지났을 때 취향에 따라 당근, 무, 밤 등을 추가해도 좋다.
5 데운 즉석밥 위에 갈비찜, 만능 우마미 버터, 다진 쪽파를 올려 완성한다.

TIP 남은 소스는 절대 버리면 안 돼요. 재료의 맛이 농축되어 진짜 끝내주거든요. 전분물을 풀어 농도를 맞춘 뒤 다양한 요리에 활용해보세요.

Eat it. Drink it. Kick it!
asual Wine & Dine
asual Wine & Dine

갈비
스테이크

갈비찜을 만들고 남은 간장 소스

갈비를 싫어하는 사람이 있을까요? 최근 뉴욕과 노르웨이, 네덜란드 출장을 다녀왔는데요. 한식당, 그중에서도 갈비 전문점 손님의 70~80%가 한국인이 아닌 외국인이라는 사실에 놀랐어요. 외국인들로 가득 찬 테이블을 보며 너무 뿌듯했죠. 이제 외국에서 한국 식재료를 구하기도 쉬워졌고 쌈을 싸서 먹는 문화도 자연스럽게 받아들이며 한식을 제대로 이해하고 즐기는 듯합니다. K-무비, K-푸드, K-킬쳐의 질묘한 심빅사가 노빌소빌하면서노 탄탄하게 자리 잡아 한식이 세계 미식을 주도할 날이 얼마 남지 않았다는 게 피부로 느껴지더라고요. 갈비 스테이크는 이러한 흐름을 반영해 만든 메뉴예요. 두툼하게 썬 진갈비를 구운 뒤 남은 갈비찜 소스에 살짝 추가 조리하는 것만으로도 맛있고 근사한 스테이크를 만들 수 있답니다.

COOKING UTENSILS

칼, 도마, 프라이팬, 집게, 스테인리스망, 트레이, 고무 스패출러

INGREDIENTS

재료 진갈비 300g, 포도씨유 5Ts, 갈비찜 소스 200ml, 버터 50g, 다진 쪽파 2Ts, 참기름 1Ts, 소금·후춧가루 약간씩

RECIPE

1 진갈비는 손질하고 앞뒤로 소금과 후춧가루를 가볍게 뿌린다.
2 달군 팬에 포도씨유를 두르고 진갈비를 센 불에서 앞뒤로 2분씩 구워 마이야르 반응을 끌어낸다.
3 약불로 줄인 뒤 갈비찜 소스를 넣고 30초간 조리한다. 미디엄 레어에서 미디엄 정도로 익히면 된다.

4 익힌 진갈비는 스테인리스망을 올린 트레이에 건져 2분간 레스팅한다.
5 갈비찜 소스가 남아 있는 팬에 버터, 다진 쪽파, 참기름을 넣고 불에서 내린다.
6 고무 스패출러로 버터가 녹을 때까지 섞어 소스를 만든다.
7 레스팅한 진갈비는 먹기 좋은 크기로 썰어 접시에 담고 6을 뿌려 완성한다.

TIP 다양한 채소를 더해 찹스테이크로 즐겨보세요.

바삭바삭 김치 라구 라자냐

Chef's kick 새콤한 신김치

다양한 시판 재료만 잘 조합해도 고급 레스토랑 부럽지않은 요리를 만들 수 있답니다. '와인바킥'의 시그니처 메뉴인 바삭한 라자냐에 신김치를 추가해 변주를 주었어요. 나초를 토마토 살사에 찍어 먹는 것에서 아이디어를 얻었죠. 튀긴 라자냐 면이 층층이 쌓여 있는 비주얼, 바삭하게 부서지는 소리와 식감이 정말 매력적이랍니다. 라자냐 면을 과감히 부순 뒤 다 같이 섞어 드세요. 눅눅해진 다음에 먹어도 맛있어요.

COOKING UTENSILS

칼, 도마, 가위, 프라이팬, 튀김용 냄비, 고무 스패출러, 집게, 스푼, 제스터

INGREDIENTS

재료 라자냐 면 5장, 포도씨유 1L, 사워크림 50g, 시판 바질 페스토 50g, 루콜라 10g,
간 파르미지아노레지아노 치즈 50g, 소금 약간
김치 라구 소스 신김치 300g, 퓨어 올리브유 5Ts, 간 소고기 500g, 시판 토마토소스(600g) 1병, 물 300g

RECIPE

1   신김치는 가위로 잘게 썬다.
2   팬에 올리브유를 두르고 간 소고기를 넣어 노릇하게 볶는다.
3   신김치를 넣고 중불에서 5분간 볶은 뒤 토마토소스와 물을 넣고 약불에서 1시간 동안 졸인다.

TIP 김치 라구 소스에 나초만 찍어 먹어도 좋아요. 파스타 소스로도 추천해요.

4 라자냐 면은 끓는 소금물에 부드럽게 삶아 반으로 썬 뒤 수분을 제거한다.
5 180℃로 달군 포도씨유에 **4**를 뒤집어가며 바삭하게 튀긴다.

6 접시에 김치 라구 소스, 사워크림, 바질 페스토를 깔고 튀긴 라자냐 면을 올린다. 볼륨감 있게 쌓아 올리는 과정을 반복한다.

7 루콜라를 곁들이고 간 파르미지아노레지아노 치즈를 뿌려 완성한다.

블루치즈
홍합 스튜

Chef's kick 강렬한 곰팡이 풍미의 블루치즈

프랑스 파리 한국 대사관의 만찬 행사에 초대를 받아 다녀온 적이 있어요. 행사가 끝난 뒤 파리에서 10년 넘게 푸디로 활동하는 지인에게 음식과 와인이 유명한 로컬 맛집 위주로 투어를 부탁했어요. 많은 곳을 방문했는데 가장 기억에 남는 메뉴가 바로 블루치즈 홍합 스튜였어요. 홍합과 블루치즈가 어울릴지 음식이 나오기 전까지 도저히 상상이 되지 않았어요. 한입 먹는 순간 펀치를 한 대 맞은 것 같은 충격을 받았죠. 한국에 도착하자마자 그 맛을 기억하며 디스드를 거듭한 끝에 가장 가까운 맛을 찾아낼 수 있었어요. 먼지 마늘과 양파, 셀러리를 넉넉하게 넣어요. 화이트 와인과 홍합에서 나온 즙의 황금 밸런스를 맞춘 뒤 고르곤졸라 치즈를 조금씩 넣어가며 맛에 레이어를 쌓아가면 돼요. 남은 소스는 사워도우를 찍어 드시고요. 아직도 그 기억이 생생해 오늘 저녁은 블루치즈 홍합 스튜에 와인 한 잔 곁들여야겠어요.

COOKING UTENSILS

칼, 도마, 궁중 프라이팬, 고무 스패출러, 집게

INGREDIENTS

재료 홍합 2kg, 엑스트라 버진 올리브유 100ml, 다진 마늘 50g, 다진 양파 200g, 다진 셀러리 200g, 화이트 와인 200ml, 생크림 200ml, 무염 버터 50g, 고르곤졸라 치즈 50g, 다진 쪽파 5Ts, 슬라이스한 사워도우 3장

RECIPE

1 홍합은 깨끗하게 씻어 손질한다.
2 팬에 엑스트라 버진 올리브유를 넣고 다진 마늘과 양파, 셀러리를 중불에서 30초간 볶는다.

3 센 불로 올린 뒤 손질한 홍합과 화이트 와인을 넣고 뚜껑을 닫아 3분간 조리한다.

TIP 남은 소스에 삶은 파스타 면을 넣고 버무려보세요. 크리미하면서 감칠맛이 폭탄인 블루치즈 파스타가 완성될 거예요.

4 생크림을 넣고 끓인 뒤 홍합만 건져 그릇에 담는다.
5 버터와 고르곤졸라 치즈를 넣고 불에서 내린 뒤 유화시킨다.
6 다진 쪽파를 넣고 섞은 뒤 홍합 위에 뿌린다. 사워도우를 곁들여 완성한다.

스모크
훈제 연어
양파 수프

부드럽고 기름지면서 넣기만 해도 훈제 향이 더해지는 훈제 연어

두바이 버즈 알 아랍 호텔에서 일할 때 고객들에게 가장 인기가 많았던 메뉴예요. 레시피를 보면 버터가 너무 많이 들어가 깜짝 놀라시는 분들이 많은데요. 프랑스 요리의 베이스는 첫째도 버터, 둘째도 버터, 셋째도 버터란 말이 있을 정도랍니다. 버터의 고소한 맛과 부드러움을 극대화시킨 수프에 구하기도 쉽고 우리나라 사람들이 참 좋아하는 훈제 연어를 넣어 은은한 훈연 향을 더했어요. 따끈한 수프 한 그릇에 사워도우나 바게트, 식빵을 곁들이면 한 끼 식사로 손색이 없어요.

COOKING UTENSILS

칼, 도마, 냄비, 블렌더, 고운체, 고무 스패출러, 스푼

INGREDIENTS

재료 감자 50g, 양파 50g, 대파(흰 부분) 2대, 처빌 1줄기, 무염 버터 250g, 우유 200ml, 생크림 100ml, 훈제 연어 100g, 다진 쪽파 2Ts, 엑스트라 버진 올리브유 2Ts, 소금·후춧가루 약간씩

RECIPE

1. 껍질을 벗긴 감자와 양파, 대파는 손질해 얇게 슬라이스하고 처빌은 찬물에 넣어 살린다. 최대한 얇게 슬라이스해야 조리 시간을 단축시킬 수 있다.
2. 냄비에 버터를 녹이고 감자, 양파, 대파 순으로 넣어 부드럽게 익힌다. 대파를 넣은 뒤 3분 정도 끓이면 된다.

TIP 다양한 쇼트 파스타를 넣어 즐겨보세요.

3 우유와 생크림, 훈제 연어를 넣고 약불에서 5분간 조리해 훈제 향을 뽑아낸다.
4 익은 훈제 연어와 감자, 양파, 대파는 반만 건지고 다진 쪽파와 섞는다.
5 나머지는 블렌더에 곱게 갈고 고운체에 거른 뒤 소금과 후춧가루로 간한다.
6 그릇 한쪽에 **4**를 담고 **5**를 붓는다.
7 엑스트라 버진 올리브유를 뿌리고 처빌을 올려 완성한다. 취향에 따라 후춧가루를 뿌려도 잘 어울린다.

아보카도
버터 치킨
커리

chef's kick 버터리하면서 부드럽고 고소한 아보카도

지는 부드러운 닭다릿살이 들어간 인도 커리를 정말 좋아해요. 커리는 넉넉하게 끓여 함께 나눠 먹어야 제맛이죠. 어느 날 버터 치킨 커리를 만드는데 너무 익어버린 아보카도가 있어서 한번 넣어봤어요. 맛을 보니 전혀 어색하지 않고 마치 한몸처럼 잘 어울려 깜짝 놀랐답니다. 그 이후 다양한 커리에 아보카도를 더하고 있어요. 인도 감성을 살려 난을 곁들이는 것을 추천해요.

COOKING UTENSILS

칼, 도마, 냄비, 볼, 집게, 핸드블렌더, 고무 스패출러

INGREDIENTS

닭다릿살 마리네이드 닭다릿살 1kg, 플레인 요거트 200g, 다진 마늘 1Ts, 다진 생강 1Ts, 가람마살라 1Ts, 코리앤더 파우더 1Ts, 쿠민 파우더 1Ts, 고운 고춧가루 1Ts, 설탕 2Ts, 맛소금 1ts

소스 올리브유 5Ts, 무염 버터 300g, 다진 양파 300g, 다진 마늘 3Ts, 다진 생강 3Ts, 가람마살라 3Ts, 코리앤더 파우더 2Ts, 쿠민 파우더 2Ts, 고운 고춧가루 1Ts, 시판 토마토소스(600g) 1병, 물 150ml, 생크림 500ml, 잘 익은 아보카도 2개, 설탕 3Ts, 맛소금 1Ts

RECIPE

1 닭다릿살은 손질한 뒤 먹기 좋은 크기로 썰고 나머지 마리네이드 재료와 섞어 1시간 동안 재운다.
2 냄비에 올리브유를 두르고 ❶을 중불에서 절반 정도 익혀 건진다.
3 버터 150g, 다진 양파와 마늘, 생강을 넣고 중불에서 5분간 볶는다.

TIP 양고기나 해산물 등 다양한 재료로 응용해보세요.

4 가람마살라, 코리앤더 파우더, 쿠민 파우더, 고운 고춧가루를 넣고 중불에서 30초 동안 볶아 향을 끌어올린다.

5 토마토소스와 물을 넣고 끓인 뒤 핸드블렌더로 곱게 간다. 토마토소스가 바글바글 끓어야 생크림을 넣었을 때 분리되지 않는다.

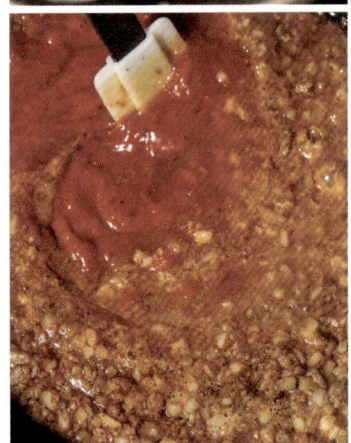

6 구운 닭다릿살을 넣고 끓으면 생크림과 버터 150g을 넣는다.
7 버터가 완전히 녹으면 아보카도를 사방 2cm 다이스로 썰어 넣는다.
8 설탕과 맛소금으로 간하고 끓어오르면 그릇에 담아 완성한다.

아시안 누들 볶음면

아시안 누들 요리의 캐릭터를 부각시키는 스리라차소스

두바이에서 함께 일했던 인도네시아 친구가 알려준 간단 레시피예요. 매콤 칼칼 짭조름하면서 감칠맛이 터지고 마지막에 은은한 생강 향이 여운처럼 남는답니다. 아시안 플레이버가 짙게 묻어나는 소스는 볶음면은 물론이고 해산물, 육류 요리에도 경계 없이 쓸 수 있어요.

COOKING UTENSILS

칼, 도마, 프라이팬, 볼, 나무젓가락, 고무 스패출러, 집게

INGREDIENTS

재료 팽이버섯 1봉, 브로콜리 ¼개, 레드 파프리카 ½개, 새우 10마리, 포도씨유 5Ts, 다진 마늘 3Ts, 다진 생강 2Ts, 삶은 페투치네 200g, 참기름 2Ts, 깨소금 1Ts, 다진 쪽파 2Ts
소스 진간장 4Ts, 스리라차소스 3Ts, 고춧가루 1Ts, 굴소스 2Ts, 미원 ½ts, 꿀 또는 물엿 1Ts

RECIPE

1 팽이버섯, 브로콜리, 파프리카는 손질해 먹기 좋은 크기로 썬다.
2 새우는 손질한 뒤 등을 갈라 내장을 제거한다.
3 소스 재료는 모두 섞는다.
4 팬에 포도씨유를 두른 뒤 다진 마늘과 생강을 넣고 중불에서 2분간 볶아 향을 끌어올린다.

5 팽이버섯, 브로콜리, 파프리카를 넣고 2분간 볶는다.
6 새우, 삶은 페투치네를 넣어 볶다가 새우가 핑크빛이 되면 소스를 넣고 30초간 더 볶는다.
7 참기름을 넣고 버무린 뒤 접시에 담는다.
8 깨소금, 다진 쪽파를 뿌려 완성한다.

TIP 소스는 육류, 해산물 등 다양한 볶음 요리에 활용하세요.

마이야르
소갈비
김치찜

기름에 볶아 풍미가 극대화된 쌈장

장모님이 담근 김치가 정말 끝내주게 맛있어서 공격수세프 채널에 장모님과 함께 심장하는 콘텐츠를 업로드했어요. 그리고 이를 바탕으로 다음엔 직접 김장에 도전해보려고 해요. 저는 배우고 싶거나 하고 싶은 게 있으면 그냥 바로 실행에 옮기는 스타일에다 유튜브 채널까지 있으니 영상으로 기록해놓으면 여러모로 도움이 되더라고요. 장모님께서 자주 만들어 주시는 소갈비 김치찜은 한국인이라면 무조건 좋아하는 밥도둑이에요. 고기의 육즙, 신김치의 복합적인 감칠맛, 다양한 양념이 함께 어우러지며 밸런스가 완벽해요. 집집마다 김치 맛이 다르겠지만 크게 신경 쓰지 않아도 돼요. 김치의 다양한 맛을 존중하거든요. 소갈비뿐만 아니라 돼지갈비, 목살, 삼겹살 등 여러 부위의 고기로 응용해보세요.

COOKING UTENSILS

칼, 도마, 볼, 고운체, 프라이팬, 냄비, 집게, 고무 스패출러

INGREDIENTS

재료 진갈비 2kg, 포도씨유 5Ts, 대파(흰 부분) 10대, 쌈장 3Ts, 신김치 1kg
소스 다진 마늘 5Ts, 굵은 고춧가루 3Ts, 설탕 3Ts, 후춧가루 ½ts, 액상 치킨스톡 1Ts, 국간장 ½Ts, 물 1L

RECIPE

1 진갈비는 손질해 3x5cm 크기로 썰고 찬물에 30분간 담가 핏물을 제거한다. 고운체에 건진 뒤 키친타월로 물기를 제거한다.
2 팬에 포도씨유를 두르고 진갈비 한쪽을 센 불에 구워 마이야르 반응을 끌어낸다.

3 소스 재료는 모두 섞는다. 물을 마지막에 넣는 것이 좋다.
4 대파는 5cm 길이로 맞춰 길게 2등분한다.
5 ❷에 쌈장을 넣고 중불에서 30초간 볶은 뒤 소스를 넣는다.

TIP 갈비와 김치찜을 다 먹고 난 후 밥과 물을 더해 김치죽을 끓여보세요.

6   신김치와 대파를 넣은 뒤 뚜껑을 덮고 중불에서 1시간 동안 끓인다.
7   접시에 갈비와 김치찜을 볼륨감 있게 담아 완성한다.

짜장
스파게티
(춘장육면)

고소한 지방과 은은한 후추 풍미가 매력적인 관찰레

기존의 짜장면을 공격수셰프 스타일로 만들어보고 싶었어요. 고소한 관찰레의 지방과 은은한 후추의 풍미가 함께 어우러지고 스파게티 면을 사용해 식감을 강조했어요. 또 쌈징이 들어가 소금 간을 따로 하지 않아도 된답니다. 춘장, 고기, 면 세 가지 재료를 강조한 춘장육면이라는 이름을 붙여 와인바킥에서 판매하고 있어요. 여기에 시판 고추 부각으로 바삭한 식감까지 더해 다양한 재미를 느낄 수 있답니다. 현재는 향긋한 트러플 오일로 만든 파우더를 추가해 트러플 춘장육면을 선보이고 있는데요. 많은 분들이 와인바킥 스타일 트러플 짜장면이라 부르기도 하더라고요.

COOKING UTENSILS

칼, 도마, 프라이팬, 나무젓가락, 고무 스패출러, 고운체

INGREDIENTS

재료 관찰레 200g, 춘장 125g, 쌈장 2Ts, 설탕 1Ts, 삶은 스파게티 면 150g, 올리브유 1Ts, 고추 부각(황비홍 향취 고추) 50g, 다진 쪽파 2Ts
채소 새송이버섯 3개, 양파 2개, 대파(흰 부분) 2대, 애호박 150g, 마늘종 100g

RECIPE

1. 관찰레는 지방과 살코기를 분리해 사방 1cm 다이스로 썬다.
2. 채소는 모두 사방 1cm 다이스로 썬다.
3. 숯불로 달군 팬에 관찰레 지방을 넣고 볶아 기름을 뽑는다.
4. 노릇하게 색이 나면 관찰레 살코기를 넣고 센 불에서 노릇하게 굽는다

5 손질한 채소를 넣고 2분간 볶는다.
6 춘장과 쌈장, 설탕을 넣고 중불에서 5분간 볶아 소스를 만든다.

TIP 다양한 해산물을 추가하면 맛이 더욱 풍성해요.

7 삶은 스파게티 면은 올리브유에 버무려 접시 한쪽에 담는다.
8 옆에 소스를 담고 고추 부각과 다진 쪽파를 올려 완성한다.

콜라 라임 깐풍기

Chef's kick 콜라와 라임의 환상적인 궁합

콜라에 라임을 넣어 마시면 정말 잘 어울려요. 거기에서 아이디어를 얻어 콜라로 단맛을 내고 싱그럽고 향긋한 라임으로 산미를 더한 소스에 바삭하게 튀긴 닭다릿살을 곁들였어요. 튀김 반죽에도 물 대신 콜라를 넣는 것이 포인트! 제 아이들도 좋아해 집에서 가끔 만들어 먹는답니다. 스파클링 와인이 쭉쭉 당기는 맛인데요. 맥주나 하이볼을 곁들여도 잘 어울려요.

COOKING UTENSILS

칼, 도마, 볼, 튀김용 냄비, 집게, 가위, 고운체, 제스터, 레몬 스퀴저, 팬, 고무 스패출러

INGREDIENTS

재료 닭다릿살 500g, 포도씨유 1L, 대파(흰 부분) 2대, 마늘종 5대, 마늘 10쪽, 생강 1톨, 청양고추 3개,
　　　페페론치노 1Ts, 고추기름 4Ts, 라오간마(요라지오) 1Ts
튀김 반죽 달걀흰자 ½개 분량, 감자전분 ⅓컵, 콜라 ⅓컵, 포도씨유 1Ts, 맛소금 1ts, 후춧가루 1ts
소스 라임 2개, 콜라 ⅓컵, 진간장 2Ts, 굴소스 2Ts, 설탕 2Ts, 2배 사과식초 3Ts, 후춧가루 1ts, 미원 1ts, 참기름 1Ts
전분물 감자전분 2Ts, 물 3Ts

RECIPE

1　닭다릿살은 손질해 먹기 좋은 크기로 썬다.
2　볼에 닭다릿살, 달걀흰자, 감자전분, 콜라, 포도씨유, 맛소금, 후춧가루를 넣고 버무린다.
3　170℃로 달군 포도씨유에 5분간 튀겨 건진다. 튀김 반죽이 재료에 밀착될 때까지 뒤적거리지 말고 그대로 둔다.
4　180℃로 온도를 높여 바삭해질 때까지 한 번 더 튀긴다. 튀기기 전에 군데군데 가위로 꼬집듯이 자르면 안쪽의 수분이 날아가 더욱 바삭해진다.(공격수셰프 깐풍기 영상 참고) 고운체로 건져 기름기를 털어낸다.

5 라임은 껍질을 제스터로 갈고 반으로 썰어 즙을 짠다.
6 모든 소스 재료를 섞는다.

7 채소는 손질해 곱게 다진다.
8 팬에 고추기름, 라오간마, 다진 채소를 넣고 중불에서 30초간 볶아 향을 끌어낸다.
9 **6**을 넣고 끓인 뒤 전분물을 조금씩 넣어가며 농도를 맞춘다.
10 튀긴 닭다릿살을 넣고 버무린 뒤 접시에 담아 완성한다. 견과류와 고수를 곁들여도 잘 어울린다.

TIP 남은 소스에 밥, 참기름, 김가루를 넣고 비벼 먹으면 정말 맛있어요!

태국식 치킨 달걀 볶음밥

Chef's kick 피시 소스의 감칠맛이 살아 있는 타이 스타일 칠리소스

타이 스타일 칠리소스를 넉넉히 만들어놓으면 샐러드부터 스테이크, 볶음밥까지 활용할 수 있는 요리가 무궁무진하답니다. 좋아하는 재료를 넣고 기름에 밥알 하나하나가 코팅되도록 볶은 뒤 타이 스타일 칠리소스만 추가해도 태국 느낌 물씬 나는 볶음밥을 완성할 수 있어요.

COOKING UTENSILS

칼, 도마, 볼, 프라이팬, 고무 스패출러, 나무 주걱

INGREDIENTS

재료 닭다릿살 100g, 맛소금 ⅓ts, 달걀 1개, 포도씨유 5Ts, 즉석밥(210g) 1개, 다진 미나리(줄기 부분) 5Ts, 타이 스타일 칠리소스(13P 참고) 5Ts, 깨소금 1Ts, 다진 쪽파 2Ts

RECIPE

1 닭다릿살은 한입 크기로 썰고 맛소금으로 밑간한다.
2 달걀은 곱게 푼다.
3 팬에 포도씨유를 두르고 **1**을 노릇하게 굽는다.
4 곱게 푼 달걀, 즉석밥, 다진 미나리 순으로 넣고 센 불에서 3분간 볶는다.
5 타이 스타일 칠리소스를 넣고 볶는다. 부족한 간은 맛소금으로 보충한다.
6 접시에 담고 깨소금, 다진 쪽파를 뿌려 완성한다.

TIP 다양한 해산물이나 육류를 활용해 변주를 줄 수 있어요.

판나코타와 청포도 아이스

Chef's kick 시원한 질감과 산미가 매력적인 청포도 아이스

이탈리아의 우유 푸딩인 판나코타는 클래식한 디저트로 정말 쉽고 간단하게 만들 수 있어요. 남녀노소, 특히 아이들이 정말 좋아하는데요. 저는 여기에 향긋한 바닐라 빈과 바질, 시원한 청포도 아이스를 곁들였어요. 얼린 청포도는 가벼운 와인 안주나 간식으로 많이 즐기는데요. 거칠게 으깨면 과육이 살아 있는 셔벗 같답니다.

COOKING UTENSILS

칼, 도마, 볼, 냄비, 판나코타 볼, 포테이토 매셔, 고무 스패출러, 스푼

INGREDIENTS

재료 판젤라틴 2장, 우유 200ml, 생크림 200ml, 설탕 45g, 바닐라 빈 1개, 얼린 청포도 300g, 바질 10g

TIP 다양한 과일을 곁들여보세요.

RECIPE

1 얼음물에 판젤라틴을 넣고 5분간 불린 뒤 물기를 제거한다.
2 냄비에 우유, 생크림, 설탕을 넣고 끓으면 불에서 내린다.
3 반으로 썰어 긁어낸 바닐라 빈 씨와 불린 판젤라틴을 넣고 녹인다.
4 실온에서 20분간 식힌 뒤 판나코타 볼에 붓고 냉장실에서 4시간 동안 굳힌다.
5 얼린 청포도는 볼에 넣고 포테이토 매셔를 사용해 으깬다.
6 판나코타 위에 으깬 청포도와 바질을 올려 완성한다.

One Team, One Dream

2021년 성산동에 와인바킥의 오픈을 결정했을 당시 가장 큰 목표가 새로운 도전이었어요. 예전부터 손발을 맞춘 셰프들과 계속한다면 안정적이고 편할 수는 있겠지만 지금까지 경험했던 틀에서 벗어나기 힘들 거라고 판단했죠. 틀에 박히지 않고 자유분방한 사고와 유연함을 지닌 셰프와 함께하고 싶었어요. 무엇보다 긍정적이고 활기찬 에너지가 필요한 시점이었죠.

와인바킥을 오픈하고 얼마 지나지 않아 라성용 셰프가 손님으로 방문하면서 인연이 시작되었어요. 당시 일산의 이탈리안 레스토랑에서 근무하고 있었는데 그곳에서 지인과 함께 미팅 겸 식사를 한 적이 있더라고요. 이게 바로 운명인가봐요. 당시 변화에 대한 목마름이 있었고 와인바킥에서 함께 성장하고 싶다고 해서 두 번의 인터뷰를 거쳐 합류하게 되었습니다. 성산동에 이어 성수동까지 오픈을 주도하며 빠르게 성장하고 있어요. 단순히 요리만 하는 것이 아니라 손익 계산, 와인 선정, 재고 관리 등 경영까지도 맡고 있죠. 열린 마인드와 호기심을 바탕으로 행동이 빠르다는 것이 장점이고요. 향후 발전이 기대되는 셰프이자 최고의 파트너라고 할 수 있습니다.

와인바킥을 오픈하고 시간이 지난 뒤 매출이 오르면서 추가 채용이 필요한 시점에 라성용 셰프와 함께 근무한 적이 있던 김주원 셰프를 소개받았어요. 저는 인터뷰할 때 요리 이야기를 하는 표정에서 설렘과 즐거움이 느껴지는지, 건강한 사고를 가질 수 있는 운동을 꾸준히 하는지에 중점을 두고 살펴보는데요. 김주원 셰프는 이 두 가지를 모두 충족하고 있더군요. 사실 주방에서 가족보다 더 오랜 시간을 함께하는 만큼 강인한 체력과 웃음은 절대적으로 필요하고 또 중요하거든요. 2년이라는 시간이 흐른 지금은 와인바킥의 모든 메뉴를 끌고 갈 수 있을 만큼 핵심적인 역할을 하고 있습니다. 제가 복이 참 많아요. 이런 멋진 친구와 함께 추억을 쌓아가고 있으니까요.

이상현 셰프는 흰 도화지처럼 아주 깨끗한 이미지가 너무 아름다워 끌린 친구예요. 연세대학교에서 요리와 전혀 무관한 학과를 전공했는데 요리에 관심이 있어서 와인바킥에 손님으로 방문해 저에게 고민을 털어놓았어요. 처음에는 파트타임으로 근무하다가 현재는 학업을 중단하고 정직원으로서 본격적으로 요리를 시작했어요. 가족과 함께 인도네시아에서 오랫동안 거주해 영어도 능숙하고 다양한 색깔을 지닌, 톡톡 튀는 루키예요. 전문적으로 요리를 배우지 않았기 때문에 초반에는 마음고생이 심했을 거예요. 출근 시간보다 2~3시간 빨리 나와 칼질 연습을 하며 자신과의 싸움을 했지만 지금은 그 누구보다 빠르게 적응하고 성장하고 있어요. 주니어 때는 요리가 창의적인 활동이라기보다는 단순 노동에 가까워요. 매일 반복되는 지루함을 버티고 이겨내야 하는 시기이기도 하고요.

왼쪽부터 이상헌, 박민혁, 라성용, 김주원 셰프

지루하게만 느껴지던 시간이 나중에는 얼마나 값진 결과물로 다가올지 제가 더 기대되고 설렐 정도예요. 정말 잘하고 있다고 이 책을 통해 이야기하고 싶어요.

저는 작년부터 요리에 너무 매몰되지 않기 위해 셰프복을 입지 않아요. 요리가 얼마나 많은 분야와 함께 성장할 수 있는지를 보여주고 싶어요. 저를 포함한 와인바킥의 스태프들은 요리는 물론이고 서비스, 와인을 직접 경험하고 있죠. 단순히 오너 셰프라서 나오는 그림이 아니라 직접 경험한 것들을 자양분 삼아 제 세계관을 확장해 나가려고 해요.

시간도 얼마 남지 않았고 더 이상 물러설 곳이 없어요. 지금까지 연습해왔던 것처럼 과감하게 한 방 날려보자고요. 그동안 보고 듣고 배웠던 순서와 방식은 전혀 중요하지 않아요. 끌리면 끌리는 대로, 누가 뭐라고 해도 나만의 리듬으로 즐기면 되는 거예요.

PENALTY SHOOTOUT
승부차기

늑간살 오짬 볶음면

씹는 맛이 매력적인 늑간살

유튜브 세계관에서는 공격수세프가 좋아하는 라면이 확고해요. 주니어 요리사 시절부터 자주 끓여 먹던 오징어짬뽕이 회자되면서 이를 활용한 여러 가지 요리로 소통을 해왔는데요. 아무래도 20~30대 구단주가 대부분이다 보니 라면 콘텐츠에 대한 니즈가 확실히 많더라고요. 레시피를 살짝 트위스트하고 고기 하나만 추가해도 든든한 한 끼가 완성되는데요. 고기는 고급 부위를 쓰지 않아도 돼요. 다진 소고기나 돼지고기면 충분해요.

COOKING UTENSILS

칼, 도마, 궁중 프라이팬, 나무젓가락, 집게, 볼, 고운체

INGREDIENTS

재료 늑간살 200g, 맛소금 1ts, 포도씨유 3Ts, 대파(흰 부분) 3대, 쪽파 10대, 청양고추 ½개, 볶음용 두절 건새우 5Ts, 진간장 3Ts, 파프리카 파우더 2Ts, 고운 고춧가루 3Ts, 설탕 2Ts, 물 700ml, 오징어짬뽕 2봉지

RECIPE

1. 늑간살은 앞뒤로 맛소금을 뿌려 밑간한다.
2. 팬에 포도씨유를 두르고 늑간살을 센 불에서 한쪽만 완벽하게 구워 마이야르 반응을 끌어낸다. 양쪽 다 구우면 질길 수 있다.
3. 대파는 얇게 송송 썬 뒤 1대 분량은 찬물에 담가 아삭함을 살리고 물기를 제거한다.
4. 쪽파는 흰 부분과 녹색 부분을 분리해 송송 썬다.

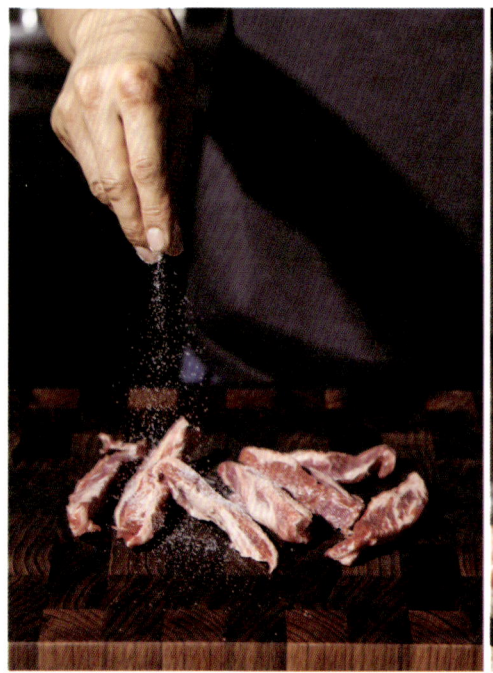

> **TIP** 늑간살 대신 항정살을 사용하면 또 다른 매력이 있어요. 취향에 따라 다양한 육류, 해산물로 응용해 나만의 레시피를 만들어보세요. 오징어짬뽕 대신 너구리 매운맛도 잘 어울려요.

5 청양고추는 어슷하게 썬다.
6 늑간살을 볶은 팬에 송송 썬 대파 2대 분량과 쪽파 흰 부분, 건새우를 넣고 중불에서 1분간 볶는다.
7 진간장, 파프리카 파우더, 고춧가루, 설탕을 넣고 중불에서 30초간 볶는다.
8 물과 오징어짬뽕 스프 1개, 플레이크 2개를 넣고 끓으면 면 2개를 넣는다.
9 면이 ⅔ 정도 익으면 구워둔 늑간살을 넣고 30초간 끓인다. 이때 육즙도 함께 넣는다.
10 그릇에 담고 아삭함을 살린 대파와 청양고추, 쪽파 녹색 부분을 올려 완성한다.

마라
바지락
볶음

Chef's kick 혀가 마비된 듯 얼얼해지는 산초 가루

매운 음식을 즐기는 편은 아니시만 가끔 자극적인 음식이 당길 때가 있어요. 산초와 다양한 향채를 더해 얼얼하면서도 독특한 매력이 있는 바지락 볶음을 만들었어요. 바지락은 체에 올려 소금물에 담근 뒤 어두운 상태로 반나절 정도 해감하면 되고요. 와인보다는 하이볼이나 차가운 맥주를 곁들이면 완벽한 마리아주에 흠뻑 취할 거예요. 남은 소스에 밥을 쓱쓱 비벼 조미되지 않은 김에 싸서 드셔보세요. 안주로 시작해서 식사까지 해결할 수 있답니다.

COOKING UTENSILS

칼, 도마, 궁중 프라이팬, 고운체, 볼, 휘퍼, 고무 스패출러

INGREDIENTS

재료 올리브유 10Ts, 해감한 바지락 1kg, 화이트 와인 200ml, 미나리 10대, 다진 대파(흰 부분) 5Ts, 다진 마늘 5Ts, 다진 생강 1Ts, 다진 페페론치노 1Ts, 다진 청양고추 1Ts
소스 진간장 2Ts, 굴소스 2Ts, 설탕 1½Ts, 두반장 1ts, 고운 고춧가루 2Ts, 산초 가루 1Ts, 후춧가루 1ts, 미원 1ts, 레몬즙 ½개 분량, 참기름 1Ts

RECIPE

1. 궁중 팬에 올리브유 5Ts을 두르고 연기가 올라오면 센 불에서 바지락을 1분간 볶는다.
2. 화이트 와인을 넣고 뚜껑을 덮어 2분간 조리한 뒤 고운체에 건져 육수와 바지락을 분리한다.
3. 볼에 **2**의 육수와 소스 재료를 모두 넣고 휘퍼로 섞는다.

4 미나리는 3cm 길이로 썬다.
5 궁중 팬에 다시 올리브유 5Ts을 두르고 다진 대파와 마늘, 생강, 페페론치노, 청양고추를 넣어 중불에서 30초간 볶아 향을 낸다.
6 ❸을 넣고 30초간 끓인 뒤 ❷의 바지락과 ❹의 미나리를 넣어 가볍게 섞고 접시에 담아 완성한다.

TIP 라면 사리, 파스타, 다양한 면과 함께 볶아 먹어도 좋아요.

숄더랙 튀김과 파프리카잼

kick 입안에서 톡톡 터지는 머스터드 시드

공격수셰프 유튜브에 양고기 요리를 올려달라는 요청이 계속 있었어요. 양고기를 굽는 대신 튀겨보니 새롭고 특별하더라고요. 램 숄더랙은 프렌치랙보다 비교적 저렴하고 사이즈도 적당해 홈 파티의 메인 요리로 손색이 없는데요. 여기에 새콤 달콤하면서 은은하게 칼칼한 파프리카잼을 디하면 숄더랙의 느끼함은 중화시키고 맛은 한층 끌어올려준답니다.

COOKING UTENSILS

칼, 도마, 프라이팬, 튀김용 냄비, 집게, 고무 스패출러, 스푼

INGREDIENTS

재료 램 숄더랙 300g, 소금 1ts, 미원 1ts, 밀가루 150g, 달걀 2개, 빵가루 200g, 포도씨유 1.8L
파프리카잼 올리브유 4Ts, 다진 옐로 파프리카 300g, 다진 양파 100g, 머스터드 시드 15g, 시판 토마토소스 100g, 설탕 20g, 크러시드 페퍼 5g, 셰리 비니거 50g, 다진 쪽파 3Ts

RECIPE

1. 숄더랙은 손질하고 소금과 미원으로 밑간한다.
2. 밀가루, 달걀, 빵가루 순으로 묻혀 170℃로 예열한 포도씨유에 2~3분 정도 바삭하게 튀긴 뒤 2~3분 정도 레스팅한다.
3. 팬에 올리브유를 두르고 다진 파프리카와 양파, 머스터드 시드를 넣고 수분이 없어질 때까지 볶는다.
4. 토마토소스, 설탕, 크러시드 페퍼, 셰리 비니거를 넣고 중불에서 잼 농도가 될 때까지 졸인다.
5. 다진 쪽파를 넣어 섞는다.
6. 튀긴 숄더랙은 먹기 좋은 크기로 썰어 접시에 담고 파프리카잼을 곁들여 완성한다.

TIP 파프리카잼은 넉넉히 만들어 기름진 요리에 곁들여보세요. 샌드위치용 스프레드로 활용해도 좋아요.

오짬 스프 숯불 오징어구이

Chef's kick 짭조름하면서 감칠맛 폭탄인 오징어짬뽕 스프

캠핑을 갔다가 오징어와 라면 스프가 남은 것을 보고 호기심에 만들어본 메뉴예요. 단순한 호기심에서 시작했지만 이제는 캠핑 갈 때마다 빼놓지 않고 만들어 먹는 공격수셰프 최애 안주랍니다. 고소한 버터와 라면 스프의 감칠맛, 거기에 숯 향까지 더해지니 맛없으면 반칙! 매콤하면서도 부드러운 쌈장 마요네즈에 찍어 먹으면 멈출 수 없을 거예요.

COOKING UTENSILS

칼, 도마, 냄비, 고운체, 석쇠, 숯, 볼, 집게, 스푼, 고무 스패출러, 휘퍼

INGREDIENTS

재료 물 1L, 세절 오징어 500g, 무염 버터 50g, 오징어짬뽕 스프 2개, 다진 쪽파 2Ts
매콤한 쌈장 마요 마요네즈 5Ts, 쌈장 1Ts, 다진 청양고추 1Ts, 다진 쪽파 1Ts

RECIPE

1 냄비에 물을 끓인 뒤 불에서 내려 오징어를 5초간 데친다. 고운체에 건져 물기를 제거한다. 세절 오징어가 없다면 오징어를 0.7cm 두께로 썬다.
2 볼에 데친 오징어, 버터, 오징어짬뽕 스프를 넣고 버무려 1시간 동안 재운다. 오징어의 잔열로 버터를 녹이면 된다.
3 매콤한 쌈장 마요 재료를 모두 섞는다.
4 숯불에 **2**를 뒤집어가며 3분간 굽는다. 숯불이 없다면 토치를 활용한다.
5 그릇에 구운 오징어와 매콤한 쌈장 마요를 담고 다진 쪽파를 올려 완성한다.

TIP 소면을 삶아 얼음물에 차게 식힌 뒤 숯불 오징어와 참기름에 버무려 즐겨보세요.

슈퍼초크리스피 통오겹살

Chef's kick 껍질은 바삭하고 속은 촉촉한 오겹살

입안에서 폭죽이 터지듯 오겹살 껍질의 바삭바삭한 식감이 매력적인 요리예요. 에어프라이어로 1차 조리를 끝낸 후 껍질만 팝콘처럼 부풀도록 2차 조리하는 방식인데요. 셰프들만 할 수 있을 것 같지만 의외로 간단하니 일단 한번 시도해 보세요. 그럼 평생 매력적인 오겹살 요리를 즐길 수 있을 거예요. 다양한 채소를 만능 겉절이 소스에 버무려 함께 곁들이세요.

COOKING UTENSILS

칼, 도마, 키친타월, 대용량 에어프라이어, 팬, 집게, 나무젓가락

INGREDIENTS

재료 통오겹살 1kg, 맛소금 1Ts, 포도씨유 500ml

RECIPE

1 오겹살의 껍질 쪽에 격자무늬로 칼집을 넣고 칼집 사이사이에 맛소금을 뿌려 10분간 둔다.
2 키친타월로 올라온 수분을 제거한다.

3 110℃로 예열한 에어프라이어에 넣고 2시간 동안 굽는다.
4 팬에 구운 오겹살을 넣고 껍질이 완전히 잠기도록 포도씨유를 붓는다.

5   중불에서 온도를 조금씩 올려가며 오겹살 껍질을 바삭하게 굽고 기름기를 제거한다.
6   0.5~0.7cm 두께로 썰어 접시에 담고 만능 겉절이 소스에 버무린 파채나 미나리를 곁들여 완성한다.

스모크 올리브 마리네이드

Chef's kick 훈연 향이 은은하게 배어든 올리브

와인을 좋아하다 보니 퇴근 후 와인 한 잔에 미리 만들어 냉장고에 넣어둔 올리브 마리네이드를 곁들여 하루를 되돌아보는 시간이 많아졌어요. 처음에는 마트에서 구입한 올리브를 그대로 즐겼는데요. 유명 레스토랑이나 바에 가면 올리브유에 다양한 식재료를 마리네이드해 제공하는 경우가 많더라고요. 거기에서 아이디어를 얻어 올리브를 직화로 구워 훈연 향을 입힌 뒤 올리브유와 마늘, 허브, 레몬 껍질을 더했어요. 캠핑이나 바비큐를 할 때 만들면 좋고요. 재료의 풍미가 고스란히 배어 나온 오일은 버리지 말고 파스타에 활용하거나 발사믹 비니거를 섞어 샐러드 드레싱을 만들어보세요. 빵을 찍어 먹어도 잘 어울려요.

COOKING UTENSILS

칼, 도마, 고운체, 볼, 스푼, 석쇠, 숯, 토치, 프라이팬, 집게

INGREDIENTS

재료 올리브 500g, 엑스트라 버진 올리브유 300ml, 통후추 10알, 마늘 10쪽, 타임 10줄기, 로즈메리 1줄기, 월계수 잎 3장, 레몬 껍질 1개 분량

RECIPE

1 올리브 2~3가지를 섞고 고운체에 건져 물기를 뺀다.
2 볼에 엑스트라 버진 올리브유 2Ts과 함께 넣고 가볍게 버무린다.
3 석쇠에 올린 뒤 숯불에 돌려가며 1분 정도 굽는다. 가정에서는 토치를 사용하면 된다.

4 통후추는 칼날을 눕혀 으깬 뒤 팬에 넣고 약불에서 5분간 달달 볶는다.
5 남은 엑스트라 버진 올리브유, 마늘을 넣고 중불에서 1분간 조리해 마늘 향을 끌어낸다.
6 타임, 로즈메리, 월계수 잎을 넣고 불에서 내린 뒤 식힌다.

TIP 남은 허브 오일은 다양한 요리에 활용할 수 있어요.

7 얇게 채 썬 레몬 껍질을 넣고 구운 올리브와 섞어 완성한다. 냉장고에 넣어두고 다음 날부터 먹으면 된다.

쌈장
항정살
덮밥

Chef's kick 눈과 입이 즐거운 만능 쌈장 소스

유튜브 콘텐츠를 기획하면서 조리 과정이 간단하면서도 식욕을 당기는 퍼포먼스까지 더해진 고기 요리가 있었으면 좋겠다고 생각했어요. 그래서 구워 감칠맛을 끌어올린 항정살에 만능 쌈장 소스를 부이 요리를 완성했죠. 고기 사이사이로 소스가 바글바글 끓는 모습을 보며 구독자분들이 쾌감을 느끼더라고요. 사실 셰프 입장에서는 대단한 퍼포먼스가 아닌데 이제 막 요리에 관심이 생긴 분들에게는 신선하게 다가간 것 같아요. 쌈장뿐만 아니라 다양한 장을 활용해 레시피에 변주를 주어도 재밌을 것 같아요.

COOKING UTENSILS

칼, 도마, 팬, 집게, 고무 스패출러, 스푼

INGREDIENTS

재료 항정살 300g, 포도씨유 3Ts, 다진 쪽파 20g, 참기름 2Ts, 즉석밥(150g) 2개, 달걀노른자 1개,
만능 쌈장 소스(10P 참고) 적당량

RECIPE

1. 항정살은 길이를 살려 먹기 좋은 두께로 썬다.
2. 팬에 포도씨유를 두르고 연기가 날 정도로 달군 뒤 항정살 한쪽을 센 불에서 노릇하게 굽는다.
3. 불을 끄고 만능 쌈장 소스를 부어 잔열로 익힌다.
4. 다진 쪽파, 참기름을 넣어 버무린다.
5. 데운 즉석밥 위에 담고 달걀노른자를 가운데 올려 완성한다.

10

TIP 다양한 채소를 추가해 술안주로도 즐겨보세요.

초콜릿 디핑 소스와 추로스

Chef's kick 고소함이 터지는 땅콩버터

가끔은 자극적인 디저트가 당길 때가 있잖아요. 갓 튀긴 추로스는 그 어떤 디저트보다 황홀하니 한번 만들어보는 것을 추천해요. 기름지면서 향긋하고 달달한 추로스를 고소하고 크리미한 초콜릿 디핑 소스에 푹 찍어 먹는다고 상상해보세요. 세상 모든 스트레스가 사라지는 그런 맛이랍니다.

COOKING UTENSILS

칼, 도마, 냄비, 고운체, 볼, 고무 스패츌러, 가위

INGREDIENTS

재료 포도씨유 1L
추로스 반죽 무염 버터 100g, 설탕 20g, 맛소금 ⅓ts, 물 380g, 중력분 200g, 달걀 200g,
　　　　　시나몬 파우더 ⅓ts, 바닐라 빈 ½개
시나몬 슈거 시나몬 파우더 1Ts, 설탕 100g
초콜릿 디핑 소스 생크림 200g, 누텔라 80g, 땅콩버터 60g

RECIPE

1　냄비에 버터, 설탕, 맛소금, 물을 넣고 중불에서 버터가 녹을 때까지 가열한 뒤 불에서 내린다.
2　밀가루를 고운체에 내려 섞고 약불에서 3분간 한 덩어리가 되도록 볶은 뒤 볼로 옮겨 식힌다.
3　달걀은 풀고 고운체에 거른다.
4　❷에 ❸을 조금씩 넣어가며 섞는다.

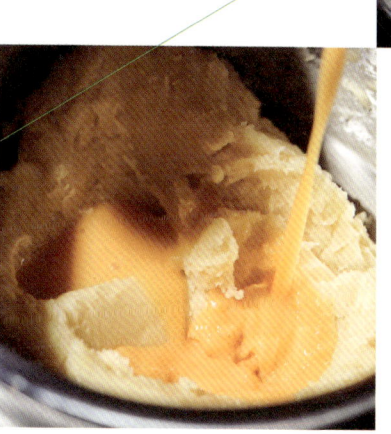

TIP 고소한 초콜릿 디핑 소스는 다양한 디저트의 소스로 활용해보세요.

5 시나몬 파우더와 반으로 썰어 긁어낸 바닐라 빈 씨를 넣어 섞은 뒤 짜주머니에 담는다.
6 180℃로 달군 포도씨유에 반죽을 짜고 노릇하게 튀긴 뒤 기름을 제거한다.
7 시나몬 슈거 재료를 모두 섞어 6에 고루 묻힌다.

8 냄비에 생크림을 넣고 끓으면 불에서 내린다. 누텔라와 땅콩버터를 넣고 녹인 뒤 식힌다.
9 접시에 추로스와 소스를 함께 담아 완성한다.

트러플
감자전

Chef's kick 짭조름한 감칠맛을 지닌 파르미지아노레지아노 치즈 가루

감자전은 어떤 와인과도 잘 어울리는데요. 그중 샴페인과는 서로를 존중하듯 완벽한 마리아주를 부여준답니다. 많은 재료가 필요하지 않고 조리법도 간난해 기름이 많이 필요한 감자튀김보다 더 효율적이에요. 피자 모양으로 썰면 아이들도 익숙한 모양이라 금세 흥미를 느끼고 빠져들 거예요.

COOKING UTENSILS

칼, 채칼, 도마, 볼, 고운체, 프라이팬, 고무 스패츌러, 집게 스퀴즈 보틀(소스통)

INGREDIENTS

재료 감자 300g, 맛소금 2g, 후춧가루 2g, 튀김 가루 70g, 파르미지아노레지아노 치즈 가루 20g, 포도씨유 100ml, 어린잎 채소 10g
트러플 마요네즈 마요네즈 200g, 트러플 오일 70g, 파슬리 가루 1Ts

RECIPE

1. 감자는 껍질을 벗긴 뒤 채칼을 사용해 채 썬다. 찬물에 담가 전분을 뺀다.
2. 고운체에 건져 물기를 뺀다.
3. ❷와 맛소금, 후춧가루, 튀김 가루, 파르미지아노레지아노 치즈 가루를 함께 섞는다.
4. 팬에 포도씨유를 두르고 중불에서 앞뒤로 바삭하게 굽는다.
5. 트러플 마요네즈 재료를 모두 섞고 스퀴즈 보틀에 담는다.
6. 감자전은 먹기 좋은 크기로 썰어 접시에 담고 트러플 마요네즈와 어린잎 채소를 올려 완성한다.

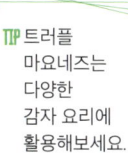
TIP 트러플 마요네즈는 다양한 감자 요리에 활용해보세요.

# 향긋한
바닐라 빈 소스와
가리비 푸딩

Chef's kick 고급스러운 풍미를 더하는 바닐라 빈

브레드 푸딩의 해산물 버전으로 홈 파티에서 와인과 함께 근사하게 즐길 수 있는 메뉴예요. 에어프라이어에 구워 따끈하고 여럿이서 함께 나눠 먹기에도 좋아요. 고소한 달걀 베이스에 바닐라 빈으로 향긋함을 더했고요. 가리비 대신 새우나 연어, 흰 살 생선 등 어떤 해산물을 사용해도 잘 어울려요. 해산물이 없다면 그냥 식빵만 넣어도 충분히 맛있어요. 겉은 바삭하고 속은 부드럽고 촉촉해서 아이들도 참 좋아한답니다.

COOKING UTENSILS

칼, 도마, 냄비, 핸드블렌더, 에어프라이어, 오븐용 그라탱 그릇, 고무 스패출러

INGREDIENTS

재료 냉동 가리비 5개, 식빵 4장, 파슬리 가루 1Ts
바닐라 빈 소스 바닐라 빈 ½개(또는 바닐라 익스트랙트 ½ts), 무염 버터 15g, 달걀 4개, 우유 400ml, 설탕 30g, 파르미지아노레지아노 치즈 가루 50g

RECIPE

1 냉동 가리비는 하루 전 냉장실에서 해동한다.
2 식빵은 테두리를 잘라내고 16등분한다.
3 **1**은 수분을 제거하고 4등분한다. 식빵과 비슷한 크기면 된다.
4 바닐라 빈은 반으로 썰어 씨를 긁어낸다.

kick KickKick Kick Kick Kick Kick Kick Kick Kick Kick Kick Kick Kick Kick Kick Kick Kick Kick Kick Kick Kick Kick Kick Kick Kick Kick Kick Kick Kick

kick

254
255

5 냄비에 버터를 넣고 약불에서 녹인 뒤 달걀, 우유, 설탕, 파르미지아노레지아노 치즈 가루, 바닐라 빈 씨를 넣고 핸드블렌더로 간다.
6 오븐용 그라탱 그릇에 식빵과 가리비를 넣고 5를 붓는다.
7 170℃로 예열한 에어프라이어에 45~50분간 노릇하게 굽고 파슬리 가루를 뿌려 완성한다.

TIP 홈 파티, 브런치 메뉴로 정말 좋아요.

**성공 확률 100%
초간단 하이엔드 레시피**

공격수셰프의 킥

초판 1쇄 발행 2023년 8월 1일
2쇄 발행 2023년 9월 1일

지은이	박민혁
발행처	아이엔지북스
기획/편집	임정현
사진	studio.ING
디자인	이용석
교열	조진숙
홈페이지	www.ingbooks.kr
이메일	books@ingbooks.kr
전화	02-6953-4439
주소	서울특별시 서초구 서초대로74길 27
ISBN	979-11-90900-73-7 03590

출판등록 2013년 11월 4일
제 2019-000033호

₩ 28,000

아이엔지북스는 푸드 전문 콘텐츠 그룹 아이엔지커뮤니케이션즈의 출판 브랜드입니다.
이 책은 저작권법에 의해 보호받는 저작물로 제작사의 허락 없이 인용 및 발췌하는 것을 금하며,
이 책 내용의 전부 또는 일부를 재사용하려면 반드시 제작사의 서면 동의를 받아야 합니다.
파본은 구입처에서 교환해드립니다.

저자 박민혁
고등학교 1학년 때 오토바이 살 돈을 모으기 위해 프랜차이즈 피자 가게에서 주방 일을 시작했다. 국내외 특급 호텔 레스토랑과 파인 다이닝 레스토랑을 거쳐 사운즈한남의 총괄 셰프로서 매장 5개를 총괄했고 10년 동안 대학교의 겸임 교수로 후학을 양성하기도 했다. 현재는 와인바킥의 오너 셰프이자 유튜브 크리에이터 공격수셰프로 대중들과 소통하고 있다. 또 요리를 매개체로 다양한 분야의 전문가들과 경계 없이 협업하며 요리사로서의 지평을 넓혀가는 중이다.